Ein sozialhygienischer Gesetzentwurf aus dem Jahre 1800, ein Vorbild für die Ge

Von

Dr. med. **Alfons Fischer**

Karlsruhe.

Springer-Verlag Berlin Heidelberg GmbH

1913.

ISBN 978-3-662-23859-2 ISBN 978-3-662-25962-7 (eBook)
DOI 10.1007/978-3-662-25962-7

Sonderabdruck aus
Annalen für soziale Politik und Gesetzgebung,
3. Band, Heft 1 und 2.

In der Erkenntnis, daß die Gesundheit, das höchste Gut, oft weniger von dem Verhalten des einzelnen Menschen als von der Gestaltung des Gemeinwesens, in dem er lebt, abhängt, hat man schon in alter Zeit im Interesse der Hygiene Staatsgesetze geschaffen. Freilich hatte man hierbei bisweilen zu einem religiösen Gewand gegriffen, wie z. B. bei dem mosaischen Gebot der Sabbathruhe; oder man hatte vorzugsweise rein wirtschaftliche Ziele im Auge, wie in Sparta, wo man von Staats wegen schwache oder mißgestaltete Säuglinge an einen abgrundartigen Ort am Taygetus sandte, um sie nicht an dem allgemeinen Güterbesitz, den 9000 Losteilen, partizipieren zu lassen. Welche Motive aber auch bei diesen und anderen legislatorischen Maßnahmen vorgeherrscht haben mögen, ihnen wohnte eine hygienische Wirkung inne.

Gesetze, die ausdrücklich der Gesundheitspflege dienen sollen, findet man jedoch erst in der neueren Zeit. Zumeist handelt es sich hierbei um Bestimmungen über die Tätigkeit der Ärzte, Hebammen und Apotheker. Nur selten trifft man Anordnungen, die über das enge Gebiet einer Medizinalordnung hinausgehen. Erst das 19. Jahrhundert brachte bedeutungsvolle Gesetze, die entweder durch die moderne Entwicklung der Großbetriebe und Großstädte notwendig waren — Arbeiterschutz, Sozialversicherung, Wohnungsgesetze usw. — oder auf Grund der naturwissenschaftlichen, insbesondere bakteriologischen Fortschritte ermöglicht wurden, wie das Impfgesetz, Seuchengesetz, Nahrungsmittelgesetz usw.

Aber schon bei ganz oberflächlicher Betrachtung erkennt man, daß die Gesetzgebung selbst in den kulturell am höchsten stehenden Staaten der Gegenwart in hygienischer Hinsicht durchaus unzulänglich ist. Unsere legislatorischen Maßnahmen sind nicht nur unzureichend, weil sie nicht umfassend genug sind, sondern auch deswegen, weil sie sich lediglich auf die Verhütung von Krankheiten erstrecken, ohne irgendwie positiv im gesundheitlichen Interesse der gegenwärtigen Generation oder gar rassedienstlich zu wirken. Rudolf Virchow[1]) hat einmal betont, daß Politik weiter nichts als Medizin im großen ist. Und wenn man auch zugeben muß, daß das Gebiet der Politik und Gesetzgebung unzweifelhaft weit über die Grenzen der Gesundheitspflege hinausreicht, so wird doch — namentlich auch auf Grund unserer folgenden Darlegungen — anerkannt werden müssen, daß man zur Zeit in der Politik und in der Gesetzgebung die Hygiene viel zu wenig berücksichtigt hat.

Nun wurde ja schon betont, daß wir Gesetze besitzen, die sicherlich für die Gesundheitspflege von hoher Bedeutung sind; hierauf kommen wir in unserem Schlußteil noch zurück. Aber an dieser Stelle sei bereits hervorgehoben, daß uns eine einheitliche Gesundheitsgesetzgebung fehlt.

Der bekannte Staatsrechtslehrer Laband[2]) hat sich allerdings dahin geäußert, daß man eine bunte, unübersichtliche Masse ohne inneren juristischen Zusammenhang bekäme, wollte man aus allen Gesetzen und Verwaltungsvorschriften des Reiches diejenigen Anordnungen zusammenstellen, die eine Beziehung zur Gesundheitspflege haben; und Dochow[3]) hat erst kürzlich diesen Darlegungen zugestimmt. Unter „Gesundheitspolizei" aber lediglich die seuchen- und die nahrungsmittelpolizeilichen Maßregeln zu verstehen, wie man dies sehr häufig und z. B. auch bei Dochow[3]) findet, dürfte den heutigen Anforderungen an die von Staats wegen zu fördernde Gesundheitspflege nicht mehr entsprechen.

Zutreffend hat dagegen der Wiener Rechtsgelehrte Bernatzik[4]) darauf hingewiesen, daß die Gesundheitspflege weder nur den

---

[1]) Rudolf Virchow: „Der Armenarzt"; Die Medizinische Reform vom 3. November 1848.

[2]) Paul Laband: „Das Staatsrecht des Deutschen Reiches", dritter Band; Tübingen und Leipzig 1901.

[3]) Franz Dochow: „Gesundheitspolizei", Artikel im „Handbuch der Politik"; Berlin 1912.

[4]) Edmund Bernatzik: „Polizei und Kulturpflege", Abhandlung in dem Werke „Die Kultur der Gegenwart", Teil II, Abt. VIII („Systematische Rechtswissenschaft"). Berlin und Leipzig 1906.

Interessen der Besitzenden (etwa wegen der Seuchengefahr) noch lediglich denen der Besitzlosen, vielmehr dem Staatsganzen dient, da sie die Ergebnisse der Heeresergänzung, die Erfolge des Schulunterrichts, die Belastung des Armenetats, die Ausgaben für die Strafrechtspflege und viele andere Erscheinungen im kulturellen und volkswirtschaftlichen Leben beeinflußt. Als die wichtigsten vorläufigen Ziele der Gesundheitspflege und -polizei bezeichnet er die „Hygiene des sexuellen Lebens (verbunden mit einer erheblichen Verbesserung der barbarischen Lage der Frauen der besitzlosen Klassen), Überwachung und Verringerung der Prostitution, Beschränkung des Alkoholgenusses, naturgemäße Ernährung der Säuglinge, Erhaltung der Nährfähigkeit der Mütter, Kinderpflege, Schulhygiene, Verhinderung gefährlicher und gesundheitsschädlicher Arbeitsgelegenheit in der Fabrik, im Gewerbe und in der Heimarbeit, Verbot gesundheitsschädlicher Wohnungen und Schaffung günstigerer Wohnungsbedingungen, Beschaffung von Trinkwasser, Kontrolle des Nahrungsmittelverkehrs, Abfuhr der Sink- und Abfallstoffe, Trockenlegung des Bodens, Reinhaltung der Luft, Regelung des Begräbniswesens." Man sieht, daß hier von einem juristischen Gelehrten schon ziemlich viele und verschiedenartige hygienische Maßnahmen als Gegenstände der Gesundheitspolizei betrachtet werden; und es ist doch wohl keineswegs unmöglich, daß die hier genannten Einrichtungen auf Grund eines zusammenfassenden Gesetzes durchgeführt werden. Mit vollem Recht betont Bernatzik sodann, daß das Gesundheitswesen im 20. Jahrhundert noch weit mehr auf soziale Einrichtungen basiert werden wird, und daß es viel zweckdienlicher wäre, durch hygienische Maßnahmen mißliche Ursachen statt deren Wirkungen zu bekämpfen. Freilich soll nicht behauptet werden, daß die von Bernatzik erwähnten Institutionen den Forderungen, die der moderne Sozialhygieniker gemäß dem ganzen Rüstzeug seiner Fachwissenschaft zu stellen hat, vollauf entsprechen würden.

Schon Lorenz von Stein[1]) hat es für die Entwicklung der Gesetzgebung und Verwaltung auf dem Gebiete des Gesundheitswesens für erforderlich erachtet, daß entweder der Jurist bis zu einem gewissen Grade Mediziner oder der Mediziner bis

---

[1]) Lorenz von Stein: „Handbuch der Verwaltungslehre", zweiter Teil; Stuttgart 1888.

zu einem gewissen Grade Jurist sein muß. Aber erst in der jüngsten Zeit sehen wir, daß sich Juristen eingehender mit medizinischen und hygienischen Problemen befassen, und daß Ärzte auch das Gebiet der Volkswirtschaftslehre und Gesetzeskunde betreten. Da ist es nur natürlich, daß die Gesundheitsgesetzgebung, nicht nur im Deutschen Reich, sondern in allen Kulturstaaten, vorläufig noch mangelhaft beschaffen ist.

Und doch hat es schon vor mehr als hundert Jahren in deutschen Landen angesehene Ärzte gegeben, die mit allem Nachdruck auf den Ausbau der Gesundheitspolizei und -gesetzgebung ganz in unserem modernen Sinne hingewirkt haben. Hier ist vor allem Johann Peter Frank,[1]) der insbesondere in Städten, die jetzt zum Großherzogtum Baden gehören, tätig war, und der von Doll[2]) zutreffend als „Begründer der Medizinalpolizei und Hygiene als Wissenschaft" bezeichnet wird, zu nennen. Grotjahn[3]) hebt in seiner „Sozialen Pathologie" hervor, daß man die gewaltige Entwicklung der Hygiene am besten ermessen könne, wenn man J. P. Franks großes Werk über die medizinische Polizei mit einem zeitgenössischen Lehrbuch der Gesundheitswissenschaft vergleicht. Gewiß, soweit es sich um Fragen der Gesundheitstechnik handelt, haben wir außerordentliche Fortschritte in den letzten Jahrzehnten erlebt. Aber auf vielen Gebieten der sozialen, insbesondere der Rassen-Hygiene ist das Werk von Frank den modernen Lehrbüchern der Hygiene, von Publikationen der allerjüngsten Zeit abgesehen, weit voran. Allerdings sind die meisten Lehren von Frank Buchweisheit geblieben. Bereits Franz Anton Mai[4]) hat darüber geklagt, daß „schon seit 20 Jahren unser Vaterland das Meisterwerk der medizinischen Polizei des großen Frank besitzt . . . und noch sind die Gesetzgeber einer vernünftigen Landespolizei aus ihrer Schlafsucht nicht erwachet." Um so mehr muß aber gewürdigt werden, daß Mai den Schritt von dem Lehrbuch zum Gesetzentwurf gewagt hat.

---

[1]) Johann Peter Frank: „System einer vollständigen medizinischen Polizey"; Mannheim 1779 ff.

[2]) K. Doll: „Dr. Johann Peter Frank"; Karlsruhe 1909.

[3]) Alfred Grotjahn: „Soziale Pathologie"; Berlin 1912.

[4]) Franz Anton Mai: „Stolpertus, der Polizei-Arzt im Gerichtshof der medizinischen Polizeygesetzgebung, von einem patriotischen Pfälzer" (anonym erschienen). Mannheim 1802.

Franz Anton Mai's Persönlichkeit und Lebensarbeit wird der gegenwärtigen Generation nur sehr wenig bekannt sein. Zwar findet man in einigen großen, allgemeinen biographischen Werken auch über ihn ein paar kurze Bemerkungen; aber in den Büchern, die der Geschichte der Medizin oder speziell der Hygiene gewidmet sind, habe ich seinen Namen vergebens gesucht. Auch ich habe Mai in meinem zu Beginn dieses Jahres erschienenen „Grundriß der Sozialen Hygiene“ nicht erwähnt, weil ich, wie ich gestehen muß, damals seinen Gesetzentwurf noch nicht kannte.

Der Heidelberger Gynäkologieprofessor Kehrer[1]) hat im Jahre 1903 in dem Werke „Heidelberger Professoren aus dem 19. Jahrhundert“ seinen einstigen Amtsvorgänger Mai zusammen mit dessen beiden Nachfolgern, den beiden berühmten Frauenärzten Naegele, biographisch behandelt. Hiernach ist Mai am 16. Dezember 1742 in Mannheim geboren; er stammte von dem Italiener Maggio, der das erbliche Amt eines kurfürstlichen Kaminfegers bekleidete und seinen Namen in May[2]) übertragen ließ. Franz Anton Mai erhielt 1765 die ärztliche Lizenz, nachdem er bereits 1762 zum Dr. phil. promoviert war. Er wurde dann Medizinalrat und Correpetitor artium obstetriciarum in Heidelberg und Mannheim. Im Jahre 1773 ernannte ihn der Kurfürst zum Extraordinarius, 1785 zum Hofmedikus und Lehrer der medizinischen Institutionen und der Hebammenkunst sowie zum Physikus; 1807 wurde er des Lehrauftrages enthoben und starb als Geheimrat 1814 in Heidelberg.

Diesen kurzen Daten fügt Kehrer dann noch einige Bemerkungen an: Mai sei einer der ersten gewesen, die populär medizinisch gewirkt haben; besonders hervorzuheben seien seine „medizinischen Fastenpredigten“, in denen er — vor dem kurfürstlichen Hof und geladenen Gästen — betont, daß man den alten Germanen in bezug auf Einfachheit der Lebensweise, Arbeitsamkeit und Reinheit der Sitten nachstreben soll. Kehrer erwähnt dann auch das Buch „Stolpertus am Krankenbett“ und

[1]) Ferd. Adolf Kehrer: „F. A. May und die beiden Naegele“; Abhandlung in dem Werke „Heidelberger Professoren aus dem 19. Jahrhundert“; Heidelberg 1903.

[2]) Franz Anton Mai selbst hat seinen Namen, wie ich aus seinen Briefen ersah, stets mit i geschrieben. Bemerkt sei noch, daß er der Schwiegervater von dem älteren und der Großvater von dem jüngeren Naegele war.

bemerkt hierbei, daß es anonym erschien, aber nach Kußmaul[1]) und anderen von Mai verfaßt worden ist. Schließlich hebt Kehrer noch hervor, daß Mai in seiner „Selbstbekenntnisse" betitelten Broschüre[2]) sich als einen Anhänger der strengsten katholischen Lehren und begeisterten Jesuiten bezeichnet und in Wort und Schrift eine geradezu bewundernswerte Humanität, eine unerschüterliche Opferfreudigkeit und Nächstenliebe betätigt habe.

Uns interessiert hier am meisten das Buch „Stolpertus, ein junger Arzt, am Krankenbett. Von einem patriotischen Pfälzer." Es ist ohne Zweifel von Franz Anton Mai geschrieben, wenn es auch anonym erschienen ist. Das Werk besteht aus 5 Teilen, die innerhalb der Jahre 1777 bis 1807 herauskamen. Bereits dem dritten Teil, der 1798 erschien, fügt die Verlagsbuchhandlung Schwan und Götz in Mannheim ein Bücherverzeichnis an, in dem Franz May als Verfasser der beiden ersten Teile genannt wird. Der vierte Teil, der im Jahre 1802 und zwar ebenfalls ohne Autornamen erschien, hat den Titel „Stolpertus, der Polizeiarzt im Gerichtshof der medizinischen Polizeigesetzgebung, von einem patriotischen Pfälzer". Dies Buch trägt auch noch die Überschrift „Entwurf einer Gesetzgebung über die wichtigsten Gegenstände der medicinischen Polizei als Beitrag zu einem neuen Landrecht in der Pfalz". Mit diesem Werk wollen wir uns in den folgenden Darlegungen befassen. Darüber, daß speziell dieser Teil von Franz Anton Mai geschrieben ist, kann nicht der geringste Zweifel bestehen. Denn erstens bewahrt das Großherzogliche Generallandesarchiv in Karlsruhe ein geschriebenes Exemplar gleichen Titels auf, das aus dem Jahre 1800 stammt, und auf dem Franz Anton Mai, öffentlicher Lehrer der praktischen Heilkunde auf der hohen Schule zu Heidelberg, als Verfasser angegeben ist. Des weiteren finden wir in dem genannten Landesarchiv eine ganze Reihe von Akten aus dem Jahre 1801 und 1802, die sich mit dem Gesetzentwurf von Mai befassen, worauf wir sogleich zu sprechen kommen.

---

[1]) Es handelt sich um den berühmten Internisten, der lange Zeit in Heidelberg lebte.

[2]) Die Broschüre hat den Titel „Religiöses, weltbürgerliches und litterarisches Glaubensbekenntniß"; sie enthält auch das Portrait von Mai und ist von einem seiner Schüler (J. D.) im Jahre 1805 „zum Beßten der Armen" herausgegeben worden.

Dieser Gesetzentwurf, dessen Bedeutung für die Gegenwart zu kennzeichnen wir uns zur Aufgabe gestellt haben, ist so gut wie ganz in Vergessenheit geraten. Kehrer erwähnt ihn nicht einmal. Und Marcuse[1]), der früher in Mannheim ärztlich tätig war, hat zwar ein anschauliches Bild von Mai in seiner Wirksamkeit als Arzt und Sozialhygieniker gezeichnet und uns sogar von den Beziehungen Mais als Mannheimer Theaterarzt zu Friedrich Schiller[2]) berichtet; aber obwohl Marcuse bei der Aufzählung der Schriften Mais auch den Gesetzentwurf nennt, würdigt er dieses Werk mit keinem Worte.

Meines Wissens ist Dr. jur. E. v. Herwarth[3]) der Einzige, der bisher in einer publizierten Abhandlung den Gesetzentwurf Mais besprochen hat. Die dankenswerte Arbeit von Herwarth ist jedoch an einer etwas versteckten Stelle, nämlich im Unterhaltungsblatt des „Badischen Generalanzeigers", erschienen und daher wohl nur wenigen von allen denen, die für diesen wichtigen Gegenstand Interesse haben dürften, zu Gesicht gekommen. Übrigens nennt Herwarth in seinem Aufsatze nicht ein einziges Mal den Namen des Gesetzentwurf-Verfassers; er teilt nur in einer Fußnote mit, daß es ihm mit Hilfe des Mannheimer Bürgermeisters gelungen ist, festzustellen, daß als Vater des Gesetzentwufs Franz Anton Mai zu bezeichnen ist.

Aus den Aktualien des Großherzoglichen Landesarchivs habe ich über den in Rede stehenden Gesetzentwurf folgendes festgestellt: Zunächst findet man das schon erwähnte, handschriftliche Exemplar des Entwurfes; es trägt die Jahreszahl 1800, ist aber nicht von Mai selbst geschrieben. Dagegen stammt aus seiner Hand das mit dem Datum vom 4. 9. 1800 versehene Konzept eines Briefes an den damaligen Kurfürsten Max Joseph, der Pfalzgraf bei Rhein sowie in Ober- und Niederbayern Herzog war. In diesem Briefentwurf äußert sich Mai dahin, es sei unverkennbar, daß „der Kurfürst als höchster Gesetzgeber landesväterlich will, was die Unterthanen beglücken kann". Darum überreicht Mai ihm seinen Gesetzentwurf. „Ich bin weit ent-

[1]) J. Marcuse: „Franz Anton May"; Mannheimer Geschichtsblätter 1903, Nr. 5.

[2]) Siehe „Schillers Briefe". Herausgegeben von Fritz Jonas, Bd. I, S. 198 (zitiert nach Marcuse).

[3]) E. v. Herwarth: „Eine sozialhygienische Gesetzgebung vor hundert Jahren"; „Der Erzähler", Unterhaltungsblatt des Badischen Generalanzeigers vom 14. und 16. Nov. 1911.

fernt“, so heißt es in dem Briefkonzept, „mir das Talent eines Gesetzes-Verfassers zuzutrauen und unterwerfe dahero diesen Beitrag ganz bereitwillig höheren Einsichten und dem Urtheil geeigneter, in dem Fache der medizinischen Polizei geübter, die Landes-Verfassung kennender Richter. Sehr glücklich werde ich mich schätzen, wenn diese Arbeit, das Resultat meiner zweijährigen Vorlesungen über die medizinische Polizei, die höchste Genehmigung erhalten und meinem Vaterland einigen Nutzen bringen würde.“ — Ob der Brief tatsächlich in dieser Fassung an Max Joseph abgesandt wurde, ist aus den Akten des Archivs nicht zu ersehen. Wohl aber findet man ein Schreiben dieses Fürsten vom 15. Juli 1801 aus München an den rheinpfälzischen General-Landes-Kommissariatspräsidenten Reibeld in Mannheim, worin es heißt, daß „Mai unter dem 3. November vorigen Jahres anliegenden Entwurf eingesandt“ habe. Max Joseph führt dann weiter aus, daß der Entwurf „viele sehr wohlthätige und ausführbare Vorschriften und Bemerkungen“ enthält, die bei zukünftigen Verbesserungen der Zivil-Kriminal-Polizeigesetze sowie der öffentlichen Lehranstalten berücksichtigt werden sollen. Dem Verfasser soll das landesväterliche Wohlwollen über seine patriotische Gesinnung und tätiges Bestreben, physische und moralische Übel unter seinen Mitbürgern zu mindern, zu erkennen gegeben und ihm eröffnet werden, daß es seinem Ermessen überlassen wird, den Entwurf zur gemeinnützigen Verbreitung und zugleich zur öffentlichen Untersuchung und genauen Prüfung durch den Druck bekannt zu machen; er soll im Namen des Landesherrn zu ferneren gemeinnützigen Arbeiten aufgemuntert, sein patriotischer Eifer und seine Kenntnisse sollen zum Besten der rheinpfälzischen Provinz in vorkommenden Fällen benutzt, und er soll, soviel die dermaligen Zeitumstände und der Zustand der Kassen es erlauben, bei seinen menschenfreundlichen Unternehmungen unterstützt werden.

Mai hatte offenbar in seinem Brief an Max Joseph darum gebeten, daß sein Gesetzentwurf von der Heidelberger medizinischen Fakultät geprüft werden soll, und daß die Professoren ihre Gutachten per vota particularia abgeben mögen. Denn der Landesherr fordert wunschgemäß eine solche Beurteilung seitens der Heidelberger Fakultät ein. Mai wurde über die Aufnahme, die sein Werk bei dem Fürsten fand, informiert. In einem an den genannten Präsidenten gerichteten Schreiben vom 29. Juli 1801 betont Mai: „Ich wollte nicht glänzen, sondern nützen. Sollte ich den Entwurf drucken lassen, so würde man mich, nicht das gesetzgebende Corpus als Vater dieses Produktes ansehen. Ich wünsche dahero, daß das hohe Landeskommissariat diese Arbeit als einen Beitrag zu einem künftigen Landrecht benutzen und unter der Firma des höchsten durchlauchtigsten Gesetzgebers[1]) drucken lassen, für gut und wert finden möge. Soviel sagt und verspricht mir meine von Sachkenntnis unterstützte Eigenliebe, daß, da noch in keinem Lande eine ähnliche medizinische Polizeigesetzgebung nach ihrem ganzen Umfange existiert, diese Arbeit unserem gnädigsten Landesherrn und seinen ersten Staatsdienern keine Unehre bringen werde."

Mais Gesetzentwurf wurde dann zunächst der Heidelberger Fakultät vorgelegt. Im Landesarchiv fand ich die Vota particularia von drei medizinischen Professoren. In dem Gutachten von Zuccarini heißt es: „Mit dem schärfsten Forscherblick ist der gelehrte Verfasser des Werks ‚Entwurf einer Gesetzgebung usw.' in die geheimen und in mehrere bis jetzt unbekannt gebliebene Urquellen eingedrungen, woraus sich viele die Gesundheit und das Leben hoher und niederer Menschenklassen unterwühlende und verschlingende Ströme bilden, und er zeigt allen Ständen, denen das allgemeine oder besondere Wohl der siechen Menschheit aus Pflicht oder Tugend am Herzen liegt, die sicher heilsamen Mittel, diese verheerenden Ströme abzuleiten und ihre Urquellen auszurotten." Zuccarini hofft Segen von dem Werke Mais, wenn seine Anwendung durch Landesgesetze sanktioniert wird. Er schließt sein Votum mit folgenden Worten: „Also zum Gebrauche und zum Druck dieses gemeinnüzigen Werkes! je früher, je besser! Dieses ist meine Meynung, mein Wunsch." — Weit umfangreicher als dieses Gutachten sind die Darlegungen von Nebel, dem Senior der medizinischen Fakultät, und von seinem Kollegen Moser. Der Erstere führt am Anfang seines Urteils folgendes aus: „Ich habe den ganzen Entwurf mit Aufmerksamkeit durchlesen und wohl überdacht. Ich finde ihn im ganzen vortrefflich und voll der wichtigsten Wahrheiten. Was der Verfasser in der Vorrede sagt insoweit es medizinische Säze

---

[1]) Im Original nicht unterstrichen.

sind, sind lauter anerkannte Wahrheiten." Gegenüber manchen Einzelheiten in dem Entwurf hegt Nebel Bedenken. Er zweifelt z. B., obwohl er findet, daß die Pflichten des Polizeiarztes (wovon unten zu reden sein wird!) gut geschildert werden, ob sich alles so ausführen läßt. „Vieles müßte mit der allergrößten Vorsicht geschehen, z. B. was von dem unterricht der zum Ehestand reifen Jugend und über den Ehegenuß gesagt wird." Aber seine wenigen Einwände sind belanglos, und zu fast jedem Teil des Entwurfes bemerkt er: „Mit allem Gesagten stimme ich vollkommen überein." — In etwas umständlicher Weise wirft Moser die Fragen auf, ob der Entwurf den beabsichtigten Zweck erreichen kann, und ob er realisierbar ist. Der Gutachter kommt zu dem Ergebnis, „daß diese Gesetze nicht nur ausführbar sind, sondern noch mit großem nuz ausgeführt werden können"; er ist überzeugt, daß der Verfasser „alles, was er zum Besten der Menschheit vorgeschlagen aus seiner Erfahrung genohmen und aus seinem guten Herzen angerathen hat".

Der Entwurf von Mai wurde jedoch nicht nur der Heidelberger Fakultät, sondern auch dem Medizinalratskollegium in Mannheim vorgelegt. Auf dem Landesarchiv fand ich ein sehr umfangreiches Gutachten der kurfürstlichen Medizinalräte vom Oktober 1802. Darin heißt es: „Die Räte vereinigen mit voller Überzeugung ihr Urteil und Gutachten mit jenem der medizinischen Fakultät vorzüglich mit jenem des Prof. Zuccarini und fügen den sehnlichsten Wunsch bei, daß eine dem Entwurf entsprechende Polizei-Verfassung baldigst realisiert werde." Sie schlagen einige, nicht gerade bedeutungsvolle Änderungen für den Entwurf vor, auf die wir unten bei der Schilderung des Gesetzes zurückkommen, und sie schließen ihre eingehenden Darlegungen mit den Worten: „Der Entwurf mit den Modifikationen ist, wo nicht gleich, so doch in der Folge der Zeit größtenteils ausführbar und wird für den Staat von unschätzbarem Nutzen sein."

Der Gesetzentwurf wurde dann gedruckt und erschien, wie schon erwähnt wurde, anonym im Jahre 1802 als vierter Teil des Werkes „Stolpertus". Vergleicht man das gedruckte Buch mit dem oben genannten geschriebenen Exemplar aus dem Jahre 1800, so findet man dem Inhalte nach, von einigen Nebensächlichkeiten abgesehen, völlige Übereinstimmung.

Wenden wir uns nun dem Inhalt des Entwurfes zu. Nach

Art der „Begründung“ zu einer modernen Gesetzesvorlage schickt Mai dem ersten Gesetz eine Vorrede voran. Dort heißt es, daß man in den meisten Gesetzbüchern des deutschen Vaterlandes eine Menge Bestimmungen findet, die das Eigentum und sonstige Rechte betreffen; „aber an vernünftige Polizeigesetze, wie man gesunde Menschenracen erhalten, die physische Erziehung veredeln, der täglich mehr zur Kraftlosigkeit neigenden Menschheit abhelfen, die Gefahren der bürgerlichen Gesundheit abwenden, das Wohl der menschlichen Gesellschaft befördern, und die Summe der Schicksalen im Ehestande mindern solle“, daran wird nicht gedacht. „Man wünschet gesunde Bürger und Ackersleute, um mit ihrem sauren Schweis die Landeskassen zu bereichern, und sich damit zu belustigen; ist aber nachläßig genug, die köstliche Gesundheit der erwerbenden Menschenklasse durch zweckmäßige Polizeigesetze, durch Volksunterricht zu befestigen, durch Aufmunterung zu beleben, durch Vorschriften zu schützen. Gesetze findet man in Landrechten, welche Eheschließungen, Ehepakten, Morgengaben, Ehescheidungen zum Gegenstande haben; aber wie man zu frühe, zu späte, ungleiche, ungesunde, unfruchtbare, eigennützige, erzwungene Ehen verhüten, dadurch unzählbare Übel aus der bürgerlichen Gesellschaft verbannen“ solle, darum habe man sich im deutschen Vaterlande noch nicht bekümmert. Des weiteren führt Mai Klage darüber, daß man, während Diebstahl, Totschlag, Kindermord, Vergiftung, Majestätsverletzung mit dem Tode bestraft werden, nicht erforscht habe, wie weit der Staat selbst, inwiefern eine schläfrige, untätige Polizei an den meisten Verbrechen Mitschuldige sind, „wie durch weise Gesetze und Volksunterricht die Zahl der Verbrechen zu mindern, wie den geheimen Ehestands-Totschlägen, dem ehelichen Kindermord, der außerehelichen Fruchtbarkeit, den feineren Vergiftungsarten durch geheime ansteckende Krankheiten, den Mißhandlungen der Schwangeren, Kreisenden und Wöchnerinnen, den Fehlern der physischen Kindererziehung, dem verheerenden Laster der Onanie, den Vergiftungen durch schädliche Eßwaaren und Verfälschung der Volksgetränken abzuhelfen sey“. Er weist sodann auf den Mangel von Gesetzen hin, die den Eintritt in den Ehestand begünstigen und erleichtern, von Vorschriften, die für die Unterbringung unehelicher Kinder sorgen und dadurch das Töten oder Aussetzen der unschuldigen Säuglinge verhindern, von

Bestimmungen, die kinderlose Ehegatten an der Erziehung armer Waisenkinder mitzuwirken oder Geldbeiträge hierfür abzugeben verpflichten; er tadelt es, daß man gegen reiche, ausschweifende Hagestolze ausnehmend tolerant ist, während man unbegreiflich streng gegen das schwächere weibliche Geschlecht, welches doch auch von Fleisch und Blut, Sinnlichkeit und Verführbarkeit zusammengesetzt ist, verfahre. Von Gesetzen und Verordnungen, welche sich auf das Erbschaftswesen beziehen, seien die Codices überschwemmt, aber dafür sei nicht gesorgt, wie die Kinder ausschweifender Eltern eine gesunde Konstitution und keine bösartigen Krankheiten erben und ganze Generationen durch fortgepflanzte Ansteckung unglücklich machen. Auch darum kümmert sich die Polizei wenig, daß der Säugling seinen im Naturrecht begründeten Anspruch auf die Milch seiner Mutter geltend mache, und daß die Lehrer die Schulkinder in physischer und sittlicher Hinsicht zum Besten des Staates bilden. Und so wird am Schluß der Vorrede zusammenfassend aufgezählt, auf welche Zweige des Gesundheitswesens und auf welche Personenkreise die Hygienegesetzgebung sich erstrecken müsse. „Lassen Sie uns, schätzbare Gesetzgeber und Väter des Vaterlandes! Hand an das menschenfreundliche Werk, an den Entwurf vernünftiger medizinischer Polizeigesetze legen. Lassen Sie uns die Hindernisse aus dem Wege räumen, welche dem Gedeihen der allgemeinen bürgerlichen Gesundheit nachteilig sind. Lassen Sie uns im gegenwärtigen Entwurf einer medizinischen Polizeigesetzgebung untersuchen, wie eine aufgeklärte Landespolizei 1. für gesunde Wohnplätze und Reinlichkeit der Luft, 2. für gesunde Nahrung und Volkstränke, 3. für gesunde Kleidertracht, 4. für Volkslustbarkeiten in medizinischer Rücksicht, 5. für die Gesundheit verschiedener Handwerker, 6. für gesunde Fortpflanzung des Menschengeschlechts, 7. für schwangere Mütter, für Gebährende und Wöchnerinnen, 8. für neugeborene Kinder und ihre Erziehung, 9. für die Verhütung verschiedener dem öffentlichen Gesundheitswohl schädlicher Unglücksfällen, 10. für die Rettung verunglückter Menschen und Scheintodten, 11. für Sterbende und Todte, 12. für Abwendung ansteckender Krankheiten, 13. für öffentliche Krankenpflege, 14. für Vorkehrungen gegen Viehkrankheiten, 15. für das Medizinalwesen, 16. für Verbreitung nützlicher medizinischer Begriffen unter dem Volk sorgen müsse.“

Diese 16 und andere Punkte sind dann der Gegenstand der auf die Vorrede folgenden 15 Gesetze. Wir können hier aber, schon im Hinblick auf den Raum, keineswegs alle diese Gesetze ausführlich erörtern. Manche von den dort getroffenen Bestimmungen sind inzwischen tatsächlich eingeführt worden, so daß ihre Besprechung jetzt überflüssig ist. Der größte Teil des Gesetzentwurfes gehört jedoch, wie wir nun sehen werden, auch in der Gegenwart noch zu den unerfüllten Forderungen, die der Sozialhygieniker mit allem Nachdruck an die gesetzgebenden Faktoren richten muß.

Das erste Gesetz befaßt sich mit den Pflichten eines Polizeiarztes. Dieser soll nach einem von der medizinischen Fakultät zu entwerfenden, den Volksbegriffen angepaßten Gesundheitskatechismus entweder die Kinder selbst in öffentlichen Schulen oder wenigstens ihre Lehrer über die zur Erhaltung und Befestigung der Gesundheit wesentlichen Gegenstände unterrichten; er soll insbesondere die in die Jahre der Mannbarkeit eintretende Jugend über die Gefahren der sexuellen Ausschweifungen aufklären. Des weiteren wird ihm zur Pflicht gemacht, bei den Eltern der zum Ehestande reifen Jugend durch Unterricht und zweckmäßige Ermahnungen dahin zu wirken, daß weder mißwachsene, ungesunde Töchter und Söhne, noch zu junge oder zu alte, oder durch Ausschweifungen ausgesaugte Bräutigame ehelich verbunden werden. Die jungen Ehepaare soll der Polizeiarzt „über den gesunden Ehegenuß, über die wechselseitigen Pflichten zur Zeit der Schwangerschaft, in Absicht auf die Gesundheit des angepflanzten jungen Weltbürgers, über die Verhütung des ehelichen Kindermordes, über die Pflicht des Selbststillens, über das Verhalten im Wochenbette und über zweckmäßigste psychische Erziehung der Kinder sorgfältig und hinreichend unterrichten, ihnen alle schädlichen Vorurteile und Mißbräuche bei der Kindererziehung bekannt machen und ihren Einfluß auf das allgemeine Gesundheitswohl dadurch entkräften. Über die sonstigen Obliegenheiten, die das Gesetz dem Polizeiarzt zuerteilt (andere Pflichten, die jetzt bereits unseren beamteten Ärzten auferlegt sind, lassen wir hier unerwähnt!), sei noch angeführt, daß er die „in die Fremde auswandernden Handwerker oder auf auswärtige hohe Schulen abreisenden Jünglinge über die Gefahren böser Gesellschaften und der Schwelgerei, in Absicht auf die Gesundheit, genau unterrichten soll, damit diese jungen Pflanzen des Vaterlandes, entfernt von der Aufsicht ihrer Eltern und ihrer eigenen Selbstleitung überlassen, nicht krüppelhaft an Leib und Seele in ihr Vaterland zurückkommen mögen"; als Hauptpflicht des Polizeiarztes wird bezeichnet, „die Gefahren, die mit manchen Handwerken verbunden sind, bekannt zu machen und die Verwahrungsmittel, soviel das diätetische Verhalten betrifft, an Handen zu geben."

Das zweite Gesetz trägt den Titel: „Die gesunden Wohnplätze der in Gesellschaft lebenden Menschen sowohl in Städten als in Dörfern betreffend". Vielen unter den Bestimmungen, die in den 17 Paragraphen dieses Gesetzes angeordnet werden, wird heutzutage entsprochen. Aber folgende, den modernen Wohnungsreformbestrebungen voraneilende Vorschriften harren noch jetzt ihrer Verwirklichung: „Vier und fünf Stockwerke hohe Häuser, in denen eine ganze Menschenkolonie wohnen kann, bleiben wegen der vielen Unreinigkeiten vieler beisammen wohnender Familien auf immer verboten ... Künftighin sollen in engeren Straßen keine dreistöckigen Häuser erbaut werden, wodurch sowohl das Licht, als das Wehen der reinigenden Winde behindert wird ... Die Kellerwohnungen sind als feuchte ungesunde Wohnplätze gänzlich abzuschaffen und nie von der Polizei zu dulden ... Die Wohnhäuser der engen und dunklen Straßen mögen mit weißer Farbe, jene aber auf offenen Plätzen und breiten Straßen mit dunklen, am besten mit grünen Farben angestrichen werden ... Die größeren Plätze in der Stadt sollen entweder mit schönen Alleen, oder die äußere, der Sonne ausgesetzte Seite der umliegenden Häuser mit Reben oder anderen Windgewächsen bepflanzt werden ... Der Hausvater lasse nie seine Kinder oder Dienstboten in feuchten, dumpfigen, nahe bei dem Abtritt gelegenen Kammern schlafen ... Alle unreinen Handwerker, als Weiß- und Rotgerber, Seifensieder, Leimsieder, Metzger, sollen nach und nach entweder außer den Ringmauern der Stadt, oder in die Nachbarschaft des nahen Flusses verwiesen werden."

Das dritte Gesetz (13 Paragraphen) beschäftigt sich mit der „Sorge für gesunde Speisen und Volksgetränke," In dem ersten Paragraphen dieses Gesetzes wird angeordnet, daß in den Haupt- und Oberamtsstädten die herrschaftlichen Speicher in fruchtbaren Jahren wenigstens für zwei volle Jahre mit allen Gattungen des besten Getreides in hinreichender Menge angefüllt werden sollen, damit in etwaigen Fehljahren der Bevölkerung sowohl für die Aussaat als auch zu eigenem Gebrauch das erforderliche Getreidequantum zu einem billigen Preise verabreicht werden kann; mit Recht hat E. v. Herwarth darauf hingewiesen, daß mit dieser Bestimmung gewissermaßen der bekannte Antrag Kanitz schon antizipiert wurde. Aus der Reihe der sonstigen Verordnungen in diesem Gesetz sei noch hervorgehoben, daß zur Vermeidung der Gefahren beim Genuß von ungesunder Fleisch- oder Fischnahrung beeidigte Fleisch- und Fischbeschauer, die in der Natur- und Tierarzneikunde erfahren sind, angestellt werden sollen, und daß Milch und Butter von Polizeiaufsehern zu überwachen sind, insbesondere auch damit keine Produkte aus solchen Orten, in denen unter dem Vieh ansteckende Krankheiten herrschen, eingebracht werden. Beachtenswert ist ferner die Vorschrift, daß die Kartoffel, „dieses köstliche und zugleich gesunde Rettungsmittel gegen Hungersnot, zahlreicher als die entbehrliche Tabakspflanze in Sandfeldern angebaut" werden soll; bemerkt sei hierbei, daß auch heute noch weite Strecken der Pfalz für den Tabakbau benutzt werden, und daß die in Rede stehende Verordnung an die Forderung mancher Abstinenten, die Kartoffeln lediglich für die Volksernährung, nicht aber auch für die Spiritusfabrikation zu verwenden, erinnert. Schließlich sei aus diesem Gesetz noch der Paragraph angeführt, der sich mit dem Alkoholmißbrauch befaßt. „Da die Trunkenheit ein die Würde des Menschen erniedrigendes Laster ist; da der Gewohnheits-Trunkenbold nicht nur ein Selbstmörder, sondern in dem Zeitpunkt der Berauschung anderen ein gefährlicher Mitbürger werden kann, so soll jeder Betrunkene von der Polizeiwache sofort ergriffen und bis zum ausgeschlafenen Rausch im bürgerlichen Gehorsam gefänglich verwahret werden; demnächst drei Tage und Nächte bei bloßem Wasser und Brod seine mehr als viehische Unmäßigkeit abbüßen. Nie und in keinem Fall eines im Rausch verübten Verbrechens soll die Berauschung bei unseren Richtern als eine Entschuldigung angenommen, sondern der berauscht gewesene Verbrecher soll schärfer, als jeder andere Verbrecher bestraft werden." Wenn man auch im Zweifel sein wird, ob der zuletzt genannte Teil dieses Paragraphen, der sich auf eine Strafverschärfung bei im Rausch begangenen Delikten erstreckt, zu rechtfertigen ist, so wird man dem Verfasser des Gesetzentwurfes um so mehr beistimmen können, wenn er jeden Rausch mit einer dreitägigen Gefängsnisstrafe bei Wasser und Brot geahndet wissen will.

„Sorge für gesunde Kleidertracht“ ist das vierte Gesetz überschrieben. Dem ersten Paragraphen dieses Teiles wird eine kurze Einleitung vorangeschickt: „Obwohl unsere Untertanen unter einem gemäßigten Himmelsstriche wohnen, und von seiten des atmosphärischen Einflusses auf ihren Körper keine ungewöhnlich heftigen Krankheiten zu fürchten haben, so sind doch bei den Kleidungsarten beiderlei Geschlechts so viele schädliche Mißbräuche im Umlauf, daß wir uns genötigt sehen, einstweilen nachstehende Polizeivorschriften zu ertheilen; bis wir den Entschluß, eine allgemeine Nationalkleidung festzusetzen, ausführen können.“ Man sieht, daß hier die Absicht vorlag, ziemlich tief in die individuellen Angelegenheiten einzugreifen. Sehr genau sind darum vor allem die Vorschriften über die Kinderkleidung. „Statt dem unvernünftigen Einpanzern sollen diese kleinen Geschöpfe täglich im lauwarmen Wasser gebadet und bloß mit einem weiten Hemdchen bekleidet, in einem nach der Jahreszeit mehr oder weniger warmen Teppich und Windeln locker eingehüllet werden. Die Kinder sollen von dem Zeitpunkt an, wo dieselben ohne Hilfe gehen können, bis in das 8. Jahr, ohne Beinkleider, in einem weiten Hemdchen und ähnlichen Röckchen, ohne Hals- und Strumpfbänder aufwachsen, und jede Luftart vertragen lernen.“ Es ist allerdings fraglich, ob der Inhalt dieser Bestimmungen, die ja gewiß manchen modernen Bestrebungen entsprechen, sich zum Gegenstand eines Gesetzes eignet. Aber ohne Zweifel hätte folgender Vorschlag, wenn er Gesetzeskraft erlangt hätte, viel Unheil verhütet: „Wir verbieten nachdrücklichst, und unter Strafe von 50 Rthlr. zum Besten des Waisenhauses, alle steife fischbeinerne Schnürbrüste und Korsetten, wodurch nach unleugbaren Erfahrungen, der Wuchs des weiblichen Körpers nicht nur mißstaltet, sondern auch zu den Verrichtungen des zukünftigen Mutterstandes untauglich gemacht wird. Jener Schneidermeister, welcher gegen dieses Verbot handelt, und eine steife Schnürbrust verfertigen würde, soll ebenfalls um 50 Rthlr. gestraft werden.“

Auch dem fünften Gesetz, das „Sorge für die Volksvergnügungen in medizinischer Rücksicht" betitelt ist, geht eine kleine Vorrede voran. Der Landesfürst, von dem als Gesetzgeber die Bestimmungen ausgehend gedacht werden, will, daß seine Untertanen beiderlei Geschlechts und vor allem die zur Munterkeit besonders geneigte Jugend, die Freuden dieses Lebens mit Vernunft und Mäßigung genießen, sich von ihren Berufsarbeiten erholen, ihre Gesundheit sowohl als die Fertigkeit der Glieder durch gedeihliche Leibesübungen stärken, und ihren Geist durch anständige Ergötzungen ermuntern. Darum verordnet er, „daß bei der physischen Erziehung der Nationaljugend alle jene gymnastischen Spiele unter der Aufsicht ihrer Lehrer oder Eltern wiederhergestellt werden, die weder den sittlichen Anstand beleidigen, noch die Gesundheit beschädigen können. Diesen Zweck zu erreichen, sollen a) die lernenden Knaben wöchentlich zweimal unter den Augen ihrer Lehrer sich im Billiard-, Ball- und Ballonspielen, im Wettlaufen und Ringstechen, auf künstlichen Reitschulen, im Gaunschen[1]) und Kegelspielen 2 bis 3 Stunden lang üben. b) Die Jünglinge von 12—18 und 20 Jahren sollen hauptsächlich im Früh- und Spätjahr von einem von uns besoldeten militärischen Exerzitienmeister im Marschieren und in der Waffenübung, im Fechten und Tanzen 6 Wochen lang unentgeltlich ausgebildet werden. c) Die weibliche Jugend in den Städten, wo sie nicht im Feld arbeitet, soll ebenfalls zur Abhärtung ihrer Gesundheit im Billiard- und Federballspielen, im Gaunschen und Tanzen unter der Aufsicht einer ihrer Lehrerinnen unterrichtet und geübt werden."

Man sieht, wie hier mit Hilfe des Gesetzes für die Stärkung der Gesundheit gesorgt werden soll, und zwar in einem Maße, das weit über die unzulänglichen Leibesübungen[2]) in unseren

[1]) Gaunschen = Schaukeln.

[2]) Wie mangelhaft gegenwärtig die Leibesübungen namentlich in den Volksschulen geregelt sind, erkennt man schon aus dem Wortlaut der betreffenden staatlichen Verordnungen (siehe z. B. die Badische Verordnung vom 31. Juli 1906, den Turnunterricht an den Volksschulen betr.). Denn, obwohl der Turnunterricht sich auf das ganze Jahr erstrecken soll, wird er, wenn ein Turnsaal nicht zur Verfügung steht, auf das Sommerhalbjahr beschränkt. Aus der Statistik des deutschen Schulturnens ist jedoch zu entnehmen, daß von 30000 Schulen nur 1800, von denen 300 allein auf Berlin entfallen, gedeckte Hallen besitzen. (Zitiert in Gastpars Abhandlung im „Handwörterbuch der Sozialen Hygiene", Leipzig 1912.) Und bezeichnend ist es, daß erst jetzt ge-

heutigen Schulen hinausreicht und die Bestrebungen der jüngsten Zeit zum Zweck der Ertüchtigung unserer männlichen und weiblichen Jugend gewiß befriedigen wird.

Aber der Gesetzentwurf zeichnet sich nicht nur durch diese positiv-hygienischen, auf die Kräftigung der Gesundheit gerichteten Verordnungen aus; seine Bedeutung beruht ganz besonders auf seinen rassedienstlichen Bestimmungen, die sowohl auf die Qualität wie auch auf Quantität der Nachkommenschaft fördernd einwirken wollen.

Mit solchen, der „Sorge für gesunde Fortpflanzung" dienenden Vorschriften befaßt sich das sechste Gesetz. Zunächst wird angeordnet, daß „zur Erzielung einer zahlreichen sowohl als gesunden Bevölkerung" die Ehebündnisse zwar begünstigt und nach der Vorschrift der religiösen wie bürgerlichen Gesetzgebung gefördert werden, „niemal aber von den Eltern des Brautpaares, ohne vorher eingeholten Rat oder schriftliches Zeugnis des die Gesundheit des Brautpaares untersuchenden Polizeiarztes geschlossen werden sollen." Hierüber trifft der Verfasser des Gesetzentwurfes, von der Voraussetzung ausgehend, daß Ehen, die entweder von einem oder von zwei ungesunden Verlobten geschlossen werden, die unglücklichsten und für die Nachkommenschaft nachteiligsten sind, ausführliche Verordnungen. Es wird nachdrücklichst befohlen, „a) daß die Eltern des sich verehelichen wollenden Brautpaares, mit Zuziehung des Polizeiarztes, die Gesundheit ihrer Kinder untersuchen lassen; ob etwa die Braut in ihrem Knochenbau so mißwachsen sey, daß bei einer künftigen Geburt ihr und ihres Kindes Leben in wahrscheinliche Gefahr geraten müssen; ob sie mit Muttergichtern, mit Blutspeien, wie Gliedergicht behaftet, und zum Tief-

---

legentlich der Beratungen über die neue Heeresvorlage dem Reichstage ein Antrag Dr. Ablaß und Gen. unterbreitet wurde, wonach in die Wehrordnung die Bestimmung aufgenommen werden sollte, daß die Regierungen für den Turnunterricht der männlichen Schuljugend zu sorgen haben. — In der letzten Zeit haben zwar Braunschweig, Baden, Württemberg und Sachsen teils nur in den höheren Schulen, teils auch in den Volksschulen obligatorische Spielnachmittage eingeführt (siehe Jahrbuch für Volks- und Jugendspiele, XX. Jahrgang 1913). Und das badische Unterrichtsministerium hat im Jahre 1912 in einer Denkschrift über den Ausbau der allgemeinen Fortbildungsschulen vorgeschlagen, daß die Leibesübungen auch in den Unterrichtsplan dieser Schulen aufgenommen werden sollen. Allein, alle diese fortschrittlichen Maßnahmen stehen hinter den Bestimmungen in dem Gesetzentwurf von Mai noch weit zurück.

sinn geneigt sey; b) ob der Bräutigam alle äußerlich wahrnehmbaren Kennzeichen eines gesunden und starken Körperbaues habe, ob keine erbschaftliche Anlage zu Steinschmerzen, zum Podagra, zur Auszehrung, zum Wahnsinn oder gar zur Fallsucht in seinem Körper wohnen; wie und wo er seine Jugendjahre durchgebracht habe; ob er mit Zufällen der Lustseuche in seiner Jugend behaftet gewesen, und durch einen geschickten Arzt oder Wundarzt vollkommen davon geheilt sey; ob er der Onanie ergeben, sich dadurch eine Impotenz zugezogen habe; ob er einen Leibschaden, einen Leisten- oder Hodenbruch, einen Gewohnheitssamenfluß oder verhärtete Gallen habe. c) Ob beide Verlobte sich aus wechselseitiger Zuneigung und Liebe, oder bloß aus Nebenabsichten verehelichen, wodurch der Zweck des Ehestandes und des Vaterlandes verfehlt oder mißraten könnte. d) Die Zivilbehörden sollen den Ausrufschein den beiden Verlobten, oder ihren Eltern und Vormündern, eher nicht ertheilen, bis dieselben das pflichtmäßige Zeugnis des Polizeiarztes über die physischen Fähigkeiten der Verlobten zum Ehestande werden beigebracht und vorgelegt haben. Denn es muß dem Vaterlande mehr an einer gesunden als bloß zahlreichen Bevölkerung gelegen seyn."

So beachtenswert diese Vorschriften sind, so wird man es doch als zweifelhaft bezeichnen müssen, ob wirklich alle diese Fragen Gegenstand einer ärztlichen Untersuchung sein können und sein müssen. An dieser Stelle sei sodann auf eine der von dem oben erwähnten Medizinalratskollegium vorgeschlagenen Modifikationen hingewiesen. Die Mannheimer Räte führten an, daß die Untersuchung der Verlobten nicht stets dem Polizeiarzt vorbehalten sein dürfe, sondern daß hierzu jeder privilegierte Arzt berechtigt sein solle, weil dann die Befolgung der Vorschrift auf weniger Schwierigkeiten bei den Brautpaaren stoßen wird. Gegenüber diesem Einwande, dem ja eine gewisse Berechtigung zugesprochen werden muß, sei jedoch betont, daß Schallmayer[1]), einer unserer besten Rassehygieniker, in einer eben erschienenen Arbeit ausdrücklich für solche Untersuchungen besonders vorgebildete Amtsärzte, die sich lediglich diesen Auf-

[1]) W. Schallmayer, „Soziale Maßnahmen zur Besserung der Fortpflanzungsauslese“. Abhandlung in dem Werke „Krankheit und soziale Lage“, München 1913.

gaben zu widmen hätten, verlangt. Schließlich sei noch bemerkt, daß das Mannheimer Kollegium den auch heute noch gerechtfertigten Wunsch aussprach, „der untersuchende Arzt soll sich mehr mit schon ausgebrochenen Krankheiten, die auf die Nachkommenschaft sich fortpflanzen als mit der Untersuchung der Anlage beschäftigen, da die sichere Erkenntnis derselben äußerst schwer, dabei nicht wenig betrüglich ist, auch die Anlage zur Krankheit vermöge der Erfahrung der praktischen Ärzte nur gar zu oft durch eine gute Lebensart umgeändert und vertilgt werden kann."

Des weiteren will der Verfasser des Gesetzentwurfes sowohl die zu frühen, wie die ungleichen und zu späten Eheschließungen verhüten. Darum wird bestimmt, daß der Bräutigam wenigstens das 20. und die Braut das 18. Jahr zurückgelegt haben müssen; das zum Eheschließen erforderliche Alter des jungen Brautpaares soll durch beiderseitige Taufscheine bei dem Polizeiamt verlässigt werden. Aus demselben Grunde, wie diese Vorschrift, nämlich weil für die Erzielung gesunder Kinder Eltern von vollen, reifen Kräften notwendig sind, und wegen der Gefahr ehelicher Treulosigkeit wird mit Nachdruck die Bestimmung getroffen, „daß keine 50jährige, völlig abgeblühte Frau einem jungen Mann von 26 bis 30 Jahren, und kein Greis von 60 Jahren ein Mädchen von 20 Jahren ehelichen und dadurch der Bevölkerung sowohl, als der standesmäßigen Sittlichkeit Schaden und Ärgernis zufügen möge. Die bloße Möglichkeit, im greisen Alter noch Vater werden zu können, entschädigt das Vaterland keineswegs für den Schaden, den eine ungleiche Ehe durch Eifersucht, Unzufriedenheit und sehr wahrscheinliche Ausschweifungen des jüngeren Ehegatten veranlassen. Späte Ehen von gleichem unfruchtbar gewordenen Alter, ob sie schon an das Konkubinat angrenzen, mögen gleichwohl zum Trost und Beistand der menschlichen Gebrechlichkeit zugelassen werden; in diesem letzten Falle verordnen wir jedoch, daß, da beide unfruchtbare Eheleute dem Vaterlande keine Kinder mehr erzeugen können, dieselben nach dem Verhältnis ihres Vermögens, entweder ein, auch mehrere Waisenkinder aufnehmen und bis ins 12. Jahr erziehen, oder statt der eigenen Erziehung einen jährlichen verhältnismäßigen Beitrag an das vaterländische Erziehungshaus abgeben sollen."

Zum Vergleiche dieser das Heiratsalter betreffenden Vorschriften mit unseren gegenwärtigen Bestimmungen sei daran erinnert, daß nach § 1303 des B.G.B. ein Mann nicht vor dem Eintritt der Volljährigkeit, d. h. nach Vollendung des 21. Lebensjahres, eine Frau nicht vor Vollendung des 16. Lebensjahres eine Ehe eingehen darf, einer Frau kann sogar überdies Befreiung von dieser Vorschrift bewilligt werden. Vom Standpunkte der Rassehygiene aus ist diese Altersgrenze für die Frau als zu niedrig zu bezeichnen. Immerhin ist die Bestimmung des B.G.B. noch ein Fortschritt gegenüber früheren Verordnungen in deutschen Landen. Erwähnt doch J. P. Frank[1]) eine braunschweigisch-lüneburgische Kirchenordnung vom Jahre 1709, wonach es verboten war, die Mädchen unter dem fünfzehnten Jahre zu kopulieren. Frank bemerkt hierzu, daß er dieses Ziel für zu kurz ausgestellt und der Bevölkerung für nachteiliger, als man glauben sollte, halte; aber eine bestimmte Fixierung der Altersgrenze findet man bei ihm nicht. Bemerkt sei noch, daß auch der Leipziger „öffentliche Lehrer" Ernst Benjamin Gottlieb Hebenstreit[2]) „in unseren Gegenden das weibliche Geschlecht vor dem 15. (!) Jahre schwerlich für geschickt zu einer fruchtbaren Ehe" erklärt hat. — Über die ungleichen und zu späten Ehen äußert sich Frank folgendermaßen: „Man würde, meines Dafürhaltens, nicht unrecht handeln, wenn man die Zeit, so das Frauengeschlecht im Zeugungsvermögen, in Rücksicht auf frühere Fähigkeit, zum voraus hat, dem männlichen Alter, in Erlaubniß mit jüngeren Weibsleuten Ehen einzugehen, hinzusetzte, und indem man einem Weibe von 48 Jahren keine Ehe mit einem jüngeren denn 60jährigen Manne, ad mutuum adjutorium, zu schließen erlaubte; im Gegenteil aber einem auch 50jährigen Manne gestattete, sich eine Person zwischen 28 und mehreren Jahren zu wählen; als welches, bis zu dem höheren und schwächeren Alter ihres Mannes, dem Staat und der Natur ihre Schuldigkeit gezahlt haben würde, und keine großen Ansprüche mehr übrig behielte. Hingegen stünde dem 60jährigen Freyer nicht zu, eine jüngere, dann 38 bis 40jährige Person zur Ehe zu nehmen." — Schon aus diesen Beispielen ersieht man,

---

[1]) J. P. Frank l. c.

[2]) Ernst Benjamin Gottlieb Hebenstreit: „Lehrsätze der medizinischen Polizeiwissenschaft". Leipzig 1791.

daß, wenngleich ohne Zweifel Mai dem Werke Franks zahlreiche Anregungen entnommen hat, ersterer keineswegs die Angaben des letzteren gewissermaßen als Dogmen akzeptiert, sondern sie vielfach umgestaltet und ergänzt hat.

Schließlich sei noch aus dem Gesetz betreffend die „Sorge für gesunde Fortpflanzung" der Paragraph, der sich mit dem Hagestolzenstand befaßt, hier angeführt; er lautet: „Da der in unserem Zeitalter immer mehr zunehmende weibliche und männliche Hagestolzenstand sowohl der ehelichen Bevölkerung, als der Sittlichkeit hinderlich und schädlich ist; da einige Jünglinge aus wollüstiger Flatterhaftigkeit, einige aus schmutzigem Geiz, aus Gemächlichkeit und Misanthropie, oder Mißtrauen gegen die weibliche Jugend, andere aus physischem, selbstverschuldetem Unvermögen, aus Onanie, oder gar aus naturwidrigem, verdorbenem Geschmack dem Hagestolzenstand nachhangen; da manche, obwohl zum Ehestand taugliche, und mit Reichthum gesegnete Frauenzimmer, bald aus Eitelkeit, aus Flatterhaftigkeit, aus Koketteriesucht, bald aus Ahnenstolz, aus betrogener Liebe, aus Furcht vor den Gefahren der Geburt; manchesmal aus Herrschsucht und unverträglichem Gemütscharakter, aus Mißtrauen gegen Männertreue, aus Hang zur ungestörten Gemächlichkeit, oder gar aus Abstumpfung der natürlichen Begattungstriebe durch geheime Unzucht unverheirathet zu bleiben sich entschließen; gleichwohl aber nichts weniger als der standesgemäßen Keuschheit getreu bleiben; so sollen reiche, zum Ärgerniß der Mitbürger schwelgende Hagestolze, oder auch junge, eben so unerbaulich lebende Wittwen beiderlei Geschlechts jährlich 50, auch mehrere Gulden an die Nothkasse abzugeben, und nach ihrem Tode ein Procent von ihrem sämmtlichen Vermögen dieser Kasse zurückzulassen verurtheilet werden."

Es wird also hier eine ähnliche Besteuerung (nebst Erbschaftssteuer) gesetzlich vorgeschrieben, wie sie jetzt, im Zeitalter des Geburtenrückganges, von vielen Seiten vorgeschlagen wird, und wie sie im Jahre 1911 in Reuß (ältere Linie) tatsächlich eingeführt wurde. — Erwähnt sei noch, daß auch das Mannheimer Medizinalratskollegium die vorgesehene Strafe für den männlichen und weiblichen Hagestolzenstand als gerecht und leicht ausführbar bezeichnet hat, „da derselbe der ehelichen Bevölkerung äußerst nachteilig ist". — Es soll aber nicht verschwiegen werden, daß sich der Junggesellensteuer (besser: Hagestolzensteuer) gegenüber auch Bedenken erheben. Mai selbst hat ja, wie wir oben dargelegt haben, gefordert, daß der Verehelichung eine Untersuchung durch den Polizeiarzt vorangehen muß, und daß Personen, die aus physischen oder psychischen Gründen für die Ehe untauglich sind, an der Heirat behindert werden sollen. Darum dürfte Rohleder[1]) zuzustimmen sein, wenn er davor warnt, daß dem Junggesellen, der aus gesundheitlichen Gründen (Gonorrhoe, Impotenz, homosexuelle Neigung) nicht heiraten kann (so gern er es möchte), weil er seine Frau tief unglücklich machen würde, der also schon schwer geschlagen ist, noch ein Steuerzuschlag zuerteilt wird. Die von Mai proponierte Bestimmung bedarf mithin einer Modifikation, bzw. eines Zusatzes.

Nicht weniger modern als das Gesetz betreffend die „Sorge für gesunde Fortpflanzung" mutet das siebente Gesetz, das die „Sorge für Schwangere und Gebährende" zum Gegenstand hat, an. Hier finden wir Bestimmungen[2]) im Interesse der Schwangeren- und Wöchnerinnenhygiene, Vorschriften zum Schutze der unehelichen Mutterschaft und Verordnungen zwecks finanzieller Unterstützung bedürftiger Mütter, die durchaus als Vorläufer von den vernünftigen Grundsätzen der jetzt immer weitere Kreise umfassenden Mutterschutzbewegung zu betrachten sind.

Der Verfasser des Gesetzentwurfs betont, daß die Schwangeren und gebärenden Mütter vielfach durch die Lieblosigkeit und Härte ihrer Ehemänner und Obrigkeiten, durch Furcht und Schrecken, durch Mangel und Armut, durch Geringschätzung und Gewalttätigkeiten mißhandelt werden, und daß der uneheliche Kindermord oft die Folge der Unwachsamkeit der Mütter und Hausfrauen sowie des Mangels an Geburts- und Waisenhäusern ist. Darum wird verordnet, „daß jeder Hausvater a) gleich bei der Wahrscheinlichkeit der ersten Schwangerschaft seiner Gattin sich von dem Polizeiarzt unterrichten lasse, was er zu thun oder zu lassen habe, um das Wachsthum und Gedeihen der gleich nach der Empfängniß schon belebten Leibes-

[1]) Hermann Rohleder: „Der Geburtenrückgang — eine Kulturfrage"; Berliner Klinik, Heft 297; März 1913.

[2]) Über die gegenwärtigen gesetzlichen Bestimmungen auf diesem Gebiete siehe Alfons Fischer: „Die Mutterschaftsversicherung in den europäischen Ländern"; Gautzsch bei Leipzig 1911.

frucht auf keine Art zu stöhren oder gar zu vernichten. Desgleichen soll b) die zum erstenmal gesegnete Mutter entweder von dem Polizeiarzt oder einem geschickten Geburtshelfer unterrichtet werden, wie sie sich von Anfang bis zum Ende der Schwangerschaft in Hinsicht ihrer Nahrung, ihrer Kleidertracht, ihrer Arbeitsamkeit, ihrer Leibes- und Gemüthsbewegungen betragen müsse, um ein gesundes reifes Kind zur Welt zu bringen, und im Wochenbette gesund zu bleiben. Zu mehrerer Hochachtung der ehelichen Fruchtbarkeit und des dem Vaterlande so schätzbaren Mutterstandes soll c) jede verehelichte Bürgerin von ihrer Ortsobrigkeit mit einer zu diesem Zwecke besonders geprägten Denkmünze beschenket werden, wenn sie zum erstenmale dem Vaterlande ein gesundes reifes Kind gebohren hat. Diese Denkmünze soll auf der einen Seite mit dem Brustbilde unserer Gemahlin, auf der Rückseite mit einem Epheukranz und der Inschrift: Der ehelichen Fruchtbarkeit gezieret seyn. Bei künftigen Schwangerschaften soll die fruchtbare Bürgerin dieses Ehrenzeichen am Halse oder an der Brust tragen, damit ihr von jedem Einwohner die gebührende Hochachtung und billige Schonung erwiesen werde. d) Jener Ehemann oder sonstiger Einwohner, welcher eine schwangere Bürgerin mit Worten oder gar mit Schlägen mißhandeln würde, soll nach dem Verhältniß des erfolgten Schadens als ein wirklicher Kindermörder angesehen und bestrafet werden. Dahingegen sollen aber auch e) die gesegneten Mütter jede Schwelgerei mit hitzigen Getränken, jede heftig erschütternde Leidenschaft, das tobende Tanzen, das Reiten und Fahren auf holperichten Wegen, ganz besonders aber jene Gelegenheiten meiden, bei welchen wegen dem Gedränge der zuströmenden Menschenmenge ein nachtheiliger Druck oder Stoß auf den Leib, oder verdorbene Luft zu fürchten ist. f) Das Wochenbett einer fruchtbaren Bürgerin soll weder durch Gerichtszwang noch durch die Zudringlichkeit der Gläubiger und herrschaftlichen Presser, noch durch Frohnd-[1]) und

---

[1]) Die Bedeutung dieser Vorschrift erkennt man aus J. P. Franks Schilderungen. Frank weist auf die „Badische Beschellordnung vom 4. Jänner 1753" hin, wonach „eine Stute, in den letzten 6 Wochen ihrer Tragzeit und 6 Wochen nach dem Fohlen, frohnfrei ist, oder ihr Eigenthümer nicht mehr zu frohnen, wegen solcher angehalten wird", und fährt dann fort: „Warum ist es nicht auch der Bauer überall, wenn sein Weib auf dem Ziel geht? . . . eben dann, wenn er den ganzen Tag auswärts für andere arbeiten muß, so liegt jener

Wachtdienst des Ehemannes, viel weniger aber durch die Härte und Lieblosigkeit des gefühllosen Ehemannes belästiget werden. g) Jede gesunde Bürgerin soll ihr neugebohrenes Kind selbst stillen, und nach der Vorschrift des Polizeiarztes die Erziehung ihres Säuglings besorgen, dabei alles Zusprechen und Einrathen ungelernter Weiber und Quacksalber, besonders aber den Ausbruch eines heftigen Zornes oder anderer tobender Leidenschaften meiden; damit auf keine Art das kaum keimende Leben des jungen Bürgers beschädiget werde. h) Wohlunterrichtete Hebammen und Geburtshelfer sollen in jeder Gemeinde angestellt werden; damit nicht in schweren Geburtsfällen das Leben der Kreisenden und der Kinder ein Opfer der rohen Unwissenheit werden möge."

Um zu zeigen, welche Bedeutung der Verwirklichung z. B. gerade der zuletzt genannten Vorschrift innewohnen würde, sei hier darauf hingewiesen, daß, nach den neusten amtlichen Berichten, in manchen preußischen Regierungsbezirken sehr viele Frauen entbunden werden, ohne den Beistand einer Hebamme zu genießen; dies trifft sogar für 40,1 $^0/_0$ der Entbindungen im Regierungsbezirk Allenstein zu, aber auch in mehreren anderen Bezirken sind die entsprechenden Ziffern sehr groß. Ein erstaunlich hoher Prozentsatz von Frauen ist offenbar aus finanziellen Gründen nicht in der Lage, sich die Hilfe einer Hebamme zu beschaffen, und dies um so weniger, wenn erst von auswärts, was oft zu geschehen hat, eine Hebamme herbeigeholt werden muß. Da muß eben die Nachbarin oder sonst eine den Anforderungen der Asepsis nicht gewachsene Person Beistand leisten. Die Folgen hiervon sind leicht im voraus abzuschätzen. Tatsächlich lehrt die amtliche Statistik, wie ich bereits in meinem „Grundriß der Sozialen Hygiene", Kapitel „Mütter", dargelegt habe, daß diejenigen preußischen Regierungsbezirke, in denen zahlreiche Entbindungen ohne Hebamme stattgefunden haben, die höchsten Ziffern der Wochenbettsterblichkeit aufweisen.

Von vorbildlicher Humanität und von praktisch-hygienischem Sinne sind auch jene Vorschriften des Gesetzentwurfes er-

---

alle Last allein auf dem Halse. Sollte nicht also der Ehemann einer jeden Schwangeren, damit er solcher mehr gegenwärtige Beihülfe leisten könne, von den Personalfrohnen, wenigstens während der letzten 6 Wochen, gänzlich frei seyn?"

füllt, die sich auf die außereheliche Schwangerschaft beziehen. Diese lauten: „Obgleich der außereheliche Genuß des Fortpflanzungstriebes niemals zu dulden, viel weniger zu begünstigen ist, so sollen jedoch zur Verhütung des die Menschheit empörenden Kindermords uneheliche Mütter weder durch Beschimpfung, noch andere Polizeistrafen, und Geldbusen gekränket, vielmehr soll ihr Schicksal in Rücksicht der schuldlosen Leibesfrucht und des dem Vaterland zuwachsenden Nutzens auf alle Art erleichtert, und ihre Schwangerschaft sowohl als ihre Geburt vom Polizeiamt, durch erlaubte Mittel, verheimlicht werden. Wir verbieten dahero a) alle Mißhandlungen der Eltern und Dienstherrschaften gegen ihre gefallenen Töchter und Dienstboten um so mehr, weil Mütter und Hausfrauen durch ihre Nachlässigkeit und Unwachsamkeit auf die Sitten ihrer Untergebenen, vielleicht gar durch ihr böses Beispiel gemeiniglich die ersten Mitschuldigen an außerehelichen Schwangerschaften sind. Aus demselben Grunde der vernachlässigten Sittenveredlung verbieten wir b) alle Geld- und Beschimpfungsstrafen eheloser Mütter; welche nach der Erfahrung, das Laster der Unkeuschheit nie besserten, wohl aber die Verheimlichung der Schwangerschaft sowohl, als der Geburt, und sogar den Kindermord beförderten. Wir gebieten und verordnen vielmehr, c) daß die unehelich geschwängerten Mädchen nie angehalten werden sollen, ihrer Ortsobrigkeit, sondern nach Willkühr entweder dem Polizeiarzt oder ihrem Seelsorger ihre Schwangerschaft mündlich oder schriftlich anzuzeigen; dieser oder jener soll alsdann verpflichtet sein, nicht nur das Geheimniß der entdeckten Schwangerschaft zu bewahren; sondern alle erlaubten Mittel zu ergreifen, um die Schwangerschaft und Geburt des schamhaften Mädchens zu verheimlichen. Zu diesem Zweck soll d) das Haus einer jeden Stadt- oder Dorfhebamme, eines jeden Geburtshelfers bis zur Errichtung eines allgemeinen Geburtshauses der freie Zufluchtsort seyn, wohin diese durch die Schwangerschaftsbürde, durch die Vorwürfe des Gewissens und durch die traurigsten Aussichten ohnehin schon genug gestraften inländischen Mädchen flüchten, und sich insgeheim entbinden lassen können. Ausländische arme schwangere Dirnen sollen von dieser Wohlthat nicht ausgeschlossen, sondern einsweilen auf Kosten der

Nothkasse währendem Wochenbett verpfleget, ernähret und bewirthet werden. Jeder Hebamme, welche eine solche Unglückliche aufnimmt, soll nicht nur die Bewirthung und Verköstigung, sondern auch die Entbindungsbelohnung vergütet werden. e) Die Kinder eheloser dürftiger Mütter sollen als Waisenkinder oder Stiefkinder des Staates angesehen, und unter kinderlose unfruchtbare Eheleute, wie in dem VI. Gesetz geboten ist, zur Erziehung vertheilet werden."

So menschenfreundlich diese prophylaktischen Vorschriften sind, so übertrieben streng erscheinen mir die Bestimmungen, die in Kraft treten sollen, wenn trotz jener der ehelosen Mutter zugebilligten Fürsorge diese dennoch einen Kindesmord begeht. Die Verbrecherin soll als eine von den Geburtswehen betäubte, zur gefährlichsten Raserei geneigte Wahnsinnige einem Zucht- oder Tollhaus überwiesen werden, solange die Jahre ihrer Fruchtbarkeit währen; ferner sollen die Eltern, Vormünder oder Dienstherrschaften einer Kindesmörderin empfindlich gestraft werden, weil ein solches Unglück nur ihrer pflichtwidrigen Sorglosigkeit und unverzeihlichen Blindheit zuzuschreiben ist; auch der überführte Schwängerer einer Kindesmörderin soll als ein Mitschuldiger an dem Verbrechen mit Zuchthaus bestraft werden, weil er die unseligen Folgen seiner schändlichen Verführung auf irgendeine Art hätte abwenden sollen.

Durchaus zweckmäßig und notwendig sind dagegen die Verordnungen, die der Erziehung zur sexuellen Enthaltsamkeit jugendlicher Personen dienen. Alle Seelsorger und Schullehrer sollen auf jede mögliche Art sittlich veredelnd auf die Kinder einwirken und die zum Ehestand reife Jugend soll über die traurigen Folgen der unehelichen Mutterschaft unterrichtet werden. Andererseits sollen, unter Beihilfe der Zivilbeamten und Polizeivorsteher, die Heiratsmöglichkeiten durch Vervielfältigung der Nahrungsquellen, durch Minderung des Luxus, durch Bestrafung der Hagestolze und schändlichen Verführer, durch Einschränkung der Preßfreiheit und schärfere Bücherzensur, durch Aussteuerung armer Mädchen u. a. m. gefördert werden. Schließlich sollen die Polizeivorsteher, namentlich in den volkreichen Städten unermüdlich nach Kupplern und Kupplerinnen forschen, und durch Verweisung jeder verdächtigen Dirne aus der Stadt alle ergiebigen Quellen außerehelicher Buhlschaften abgraben.

Von den Vorschriften, die sich auf die Diätetik des Wochenbettes beziehen, ist hervorzuheben, daß der Polizeiarzt die jungen Mütter auch darüber zu belehren hat, daß frühzeitiges Arbeiten[1]) schädlich ist. Da aber auch verehelichte Wöchnerinnen, wenn sie in dürftigen Verhältnissen leben, nicht aus eigenen Mitteln die im Interesse eines hygienischen Wochenbettes notwendigen Ausgaben decken können, so wird verordnet, daß solchen Müttern nicht nur jeder Beistand von privilegierten Hebammen auf öffentliche Kosten geleistet, sondern auch die erforderliche Verpflegung entweder aus der zu errichtenden Notkasse oder aus Gemeindegeldern verabreicht wird.

Schon mehrfach war von der Notkasse die Rede. Diese hat, wie eben erwähnt, die Aufgabe, minderbemittelte Wöchnerinnen durch Gewährung freier Hebammendienste, wie wir dies jetzt in Zürich und anderen schweizerischen Städten finden, sowie durch Verabreichung einer geeigneten Wochenbettkost zu unterstützen. Sehr interessant ist es nun, auf Grund welcher Bestimmungen dieser Notkasse Einnahmen zufließen sollen. Darüber findet man in dem Gesetzentwurf folgendes: „a) Jedes neu verelicht werdende vermögende Brautpaar bricht etwas von dem gewöhnlichen, der Gesundheit meistens schädlichen Hochzeitsschmause ab, und zahlt einen Gulden an diese Nothkasse. b) Bei jeder Kindertaufe von wohlhabenden Eltern soll statt der herkömmlichen Kindbettfeier ein halber Gulden an diese Nothkasse abgegeben werden. c) Die von den reichen Hagestolzen in dem sie betreffenden besonderen Gesetze bestimmten Geldstrafen sollen in diese Nothkasse hinfließen. d) Reiche kinderlose Wittwen zahlen jährlich an diese Kasse fünf Gulden. e) Die entdeckten und überzeugten Schwängerer eines verführten Mädchens sollen, nach Verhältnis ihres Vermögens nebst der übrigen Polizeistrafe 20 — auch mehrere Gulden an die Notkasse abgeben. f) Eltern oder Dienstherrschaften, bei welchen eine ledige Tochter oder Dienstmagd heimlich niedergekommen, und ihr Kind morden würde,

[1]) J. P. Frank berichtet, daß die Bauernweiber nicht selten bereits 14 Tage nach der Niederkunft „bis an die Knie in das fließende Wasser stehen und ganze Tage mit Waschen und Ringen der Leinwand zubringen, obschon es nicht allemal die Noth erfordert, und was dergleichen Arbeiten mehr sind, als Fruchtausdreschen, schweres Tragen usw. . . . gewiß ist, daß gar oft, und meistenteils, die Rauigkeit der Männer an diesem Verderben ihrer noch schwachen Weiber Antheil hat."

sollen als Geldstrafe 50 fl., nach Verhältnis ihres Vermögens auch ein mehreres an diese Nothkasse ausliefern. g) Verehelichte Mütter, welche aus Eitelkeit oder Gemächlichkeit ihre Kinder nicht selbst stillen, sollen zur Strafe der vernachlässigten Mutterpflicht 15 fl. an obige Kasse zu zahlen angehalten werden. h) Ehemänner, welche ihre schwangeren Weiber mißhandeln würden, sollen nebst der übrigen Polizeiahndung einen, auch mehrere Gulden zahlen. i) Berauschte Trunkenbolde sollen für jedesmaligen Rückfall in die Völlerei 1 fl. an die Nothkasse erlegen. k) Ehebrecher sollen ohne Nachlaß der auf dieses Laster gesetzten Nationalstrafe, eine verhältnismäßige Beisteuer zu dieser Nothkasse liefern. l) Die Bürgerklasse, welche sich über ihren Stand zu prächtig kleiden, oder in ihrer häuslichen Einrichtung üppige Verwendungen machen würde, soll mit einem Geldbeitrag von 11 fl. zu dieser Kasse angezogen werden. m) Für jeden Nachtball zur Faschingszeit, wodurch ohnehin die lüsterne Jugend zu Ausschweifungen verleitet wird, soll jedes Tanzpaar beim Eintritt in den Ball 12 kr. zum Besten dieser Nothkasse entrichten. n) Lachende Erben sollen von der Erbschaft ein Procent an die Nothkasse zu entrichten angehalten werden. o) Die aus dem Vaterlande Auswandernden sollen von ihrem Vermögen ein halb Procent dieser Kasse zurücklassen. Sollten wir es früh oder spat für rathsam halten, ein allgemeines Geburts- oder Findelhaus zu errichten; so soll die Einnahme dieser Nothkasse mit den weiteren von uns zu bestimmenden Einkünften zum Unterhalt dieses Hauses verwendet werden."

Mancher wird heute vielleicht gegen dieses oder jenes Mittel, das dazu dienen sollte, die Notkasse zu füllen, Bedenken hegen und im allgemeinen bezweifeln, ob auf die von Mai vorgeschlagene Art der Kasse hinreichende Mittel zufließen würden, um die erforderlichen Ausgaben zu decken. Aber der Grundgedanke, auf dem die Finanzierung der Kasse aufgebaut ist, verdient sicherlich volle Beachtung. Denn der Verfasser des Entwurfes geht von der Idee aus, für moralische oder gesundheitliche Vergehen Geldstrafen einzuführen und die hierbei erzielten Einnahmen in den Dienst sozialhygienischer Verbesserungen zu stellen, ein Plan, der in der Gegenwart in mehreren Staaten bei der Bekämpfung des Alkoholmißbrauches durchgeführt wird, indem man die Erträgnisse der Alkoholkonsumsteuer zum Teil im

Sinne der Mäßigkeitsbestrebungen benutzt. In der Schweiz wurde bereits im Jahre 1887 durch ein Bundesgesetz das staatliche Branntweinmonopol geschaffen, um den Preis für Branntwein erheblich höher werden zu lassen; das Gesetz schreibt zugleich vor, daß der zehnte Teil des aus dem Monopol erzielten Reingewinnes zur Bekämpfung des Alkoholmißbrauches oder seiner schädlichen Folgen verwendet werden soll.

Schließlich sei noch einiges aus dem achten Gesetz, das der „Sorge für Neugebohrene und ihre phisische Erziehung" gewidmet ist, mitgeteilt. Der Verfasser des Entwurfs schickt auch diesem Gesetz eine kleine Vorrede voran. Er betont, daß jeder Säugling einen Gewinn für den Staat darstellt, daß von der Erhaltung der Gesundheit in den zarten Kinderjahren die Dauerhaftigkeit der späteren Menschenalter abhängt, daß Fehler, Vorurteile und Mißbräuche in der physischen Erziehung der Neugeborenen die Sterblichkeit der jungen Menschenpflanzen vermehren, und daß so die Hoffnungen, die das Vaterland auf das Leben des jungen Bürgers setzt, vereitelt werden. Es werden daher eingehende Verordnungen getroffen, die sich auf die Begutachtung und Behandlung von scheintotgeborenen Kindern und Mißgeburten erstrecken; eine Reihe von Bestimmungen beschäftigt sich mit der Säuglingspflege, und auch in diesem Gesetz wird es noch einmal jeder Mutter zur Pflicht gemacht, ihrem Säugling die Brust zu reichen. Des weiteren findet man Anordnungen über die geistige Bildung der Kinder. Es soll verboten sein, daß „die Seelenkräfte der Kinder vor dem 7. Jahr anders, als nur spielend beschäftiget werden"; die Polizeiverwalter haben für geräumige und gesunde Schulgebäude zu sorgen und die „Züchtigungsarten der Kinder mit Ohrfeigen, Stockschlägen auf den Rücken, besonders aber das die Schamhaftigkeit beleidigende und frühzeitige Geilheit erweckende Ruthenpeitschen sollen aus den öffentlichen Schulen verdränget" werden. Ausführlich wird bestimmt, was zu geschehen hat, um „dem von Tag zu Tag mehr um sich greifenden, verheerenden Jugendlaster der Selbstbefleckung einigermaßen vorzubeugen"; unter anderem soll man den Verkauf unsittlicher Gedichte, Schauspiele, schlüpfriger Romane sorgfältig überwachen, und, da die Kleidertracht der weiblichen Jugend „beinahe unanständig zu werden beginnet, sich durch verführerische Nuditäten auszeichnet", die

Eltern solcher Töchter von seiten der Polizei aus warnen. Schließlich befaßt sich das achte Gesetz noch mit der Unterbringung von Findlings- und Waisenkindern, die armen, aber gesunden Landleuten zur Erziehung übergeben werden sollen.

Soviel aus dem Inhalte des Gesetzentwurfs, Die folgenden Gesetze, das neunte bis fünfzehnte, sind für die Gegenwart, zumal für den Sozialhygieniker, von geringerem Interesse.

Es fragt sich nun, wie das Werk Mais zu bewerten ist. Wir haben schon bei der Schilderung des Inhaltes gelegentlich auf die Bedeutung dieser oder jener Bestimmung hingewiesen. Wir haben allerdings bei manchen Vorschriften betont, daß eine Modifikation erforderlich wäre. Daß aber der Gesetzentwurf als Ganzes, wenn er realisiert worden wäre, daß insbesondere das Verbot der Mietskasernen, die Anordnungen über die Beschaffung qualitativ und quantitativ genügender Nahrungsmittel zu billigem Preise, die Bestimmungen über die Pflichten des Polizeiarztes, über die rassendienstlichen Maßnahmen, über Mütter- und Kinderfürsorge, über die Ertüchtigung der männlichen und weiblichen Jugend, über die Bekämpfung des Alkoholmißbrauchs unschätzbare Werte auf allen Gebieten des Gesundheitswesens und der Volkswohlfahrt gezeitigt hätten, darüber kann kein Zweifel bestehen. Ja, wir müssen sogar bekennen, daß die in dem Gesetzentwurf bekundeten Grundsätze, insbesondere in der Richtung positiv-hygienischer und rassendienstlicher Maßnahmen nicht nur unsere gegenwärtige Gesetzgebung, sondern auch die meisten Lehrbücher unserer offiziellen Hygienelehrer in den Schatten stellen. Und es ist geradezu unbegreiflich, daß diese Prinzipien, die, wie wir oben gezeigt haben, von den Heidelberger Professoren der Medizin im Jahre 1801 als allgemein anerkannte Wahrheiten bezeichnet wurden, so gut wie ganz in Vergessenheit geraten konnten.

Um jedoch andererseits den Gesetzentwurf — in theoretischer Hinsicht — nicht zu überschätzen, soll auch hier noch einmal betont werden, daß Mai ohne Zweifel das „System einer vollständigen medizinischen Polizey“ von J. P. Frank ausgiebig benutzt hat. Aber wir haben bereits an einigen Beispielen gesehen, daß man keineswegs etwa von einer der eigenen Geistesarbeit baren, schülermäßigen Anlehnung reden könnte. Man muß bedenken, daß ja Mai selbst über eine große ärztliche Erfahrung verfügte, und daß er, der Heidelberger Gelehrte, gewiß auch die Kapazität besaß, um seine Beobachtungen wissenschaftlich zu verwerten. Dazu kommen die oben zitierten Gutachten, namentlich das Urteil von Zuccarini, wonach Mai „in mehrere bis jetzt unbekannt gebliebene Urquellen gedrungen" ist, und das Votum von Moser, wonach der Verfasser des Entwurfs „alles, was er zum Besten der Menschheit vorgeschlagen, aus seinen Erfahrungen genohmen" hat.

Man wird dem Werk Mais auch in theoretischer Hinsicht die Selbständigkeit keineswegs absprechen können, wenn er auch als Wissenschaftler nicht das Ansehen wie J. P. Frank genießt, was jedoch wohl zum Teil dadurch verursacht wurde, daß er im Schatten dieses Titanen steht. Aber der Hauptwert von Mais Gesetzentwurf beruht gar nicht auf seinem wissenschaftlichen Gehalt. Mai hat nicht, wie Frank, ein vielbändiges Lehrbuch über die medizinische Polizei, sondern einen realisierbaren Gesetzentwurf verfassen wollen, um so am sichersten und wirkungsvollsten die Lehren der Theorie in die Praxis zu übersetzen. Darin liegt seine Originalität. Denn meines Wissens hat es zuvor keine wirkliche, noch weniger eine umfassende Hygienegesetzgebung gegeben, und sicherlich hat Mai selbst kein derartiges Werk gekannt, da er in einem seiner oben zitierten Briefe schreibt, „daß noch in keinem Lande eine ähnliche medizinische Polizeigesetzgebung nach ihrem ganzen Umfange existiert". Und gerade auch wegen der Zusammenfassung so vieler Teile zu einem einheitlichen Hygienegesetz verdient der Entwurf Mais eine besondere Schätzung.

Es muß sodann vor allem betont werden, daß der Gesetzesvorschlag den wichtigsten aller Vorzüge, nämlich den der Durchführbarkeit, besaß. Wir haben ja gehört, daß der Kurfürst Max Joseph, der als damaliger Landesherr der Rheinpfalz autokratisch die Gesetzgebung handhabte, seinen Regierungsbeamten den Entwurf Mais zur Berücksichtigung übergab; und dies schon zu einer Zeit, bevor die empfehlenden Gutachten der Heidelberger Professoren und der Mannheimer Medizinalräte, die ihrerseits ebenfalls ausdrücklich die in der Vorlage enthaltenen Gedanken größtenteils für ausführbar hielten, dem Landesherrn unterbreitet waren. Daraus ersieht man deutlich, daß es sich bei dem Entwurf Mais keineswegs etwa um eine Utopie handelt, wie man sie in den rassehygienischen Ideengängen griechischer Philosophen[1]) oder des phantasievollen Romanschriftstellers Campanella[2]) findet; Mais Vorschläge bewegen sich im allgemeinen durchaus im Rahmen des Möglichen.

Welches war nun das Schicksal dieses von allen maßgebenden Instanzen warm empfohlenen Gesetzentwurfes? Sicher ist, daß er keine Gesetzeskraft erlangt hat; ja, er scheint, obwohl er im Jahre 1802 gedruckt wurde und in den Buchhandel gelangte, gar keine weitere Beachtung gefunden zu haben. Gründe hierfür kann ich mit Sicherheit nicht anführen, sie lassen sich nur vermuten. Möglicherweise war es für das Werk von Nachteil, daß es anonym erschien. Vor allem aber waren die durch die damaligen politischen Ereignisse bedingten Zeitumstände für eine so neuartige Schöpfung, wie eine Hygienegesetzgebung sehr ungeeignet. Man bedenke zunächst, daß durch den Reichsdeputationshauptschluß vom Februar 1803 der auf dem rechten Ufer des Rheins gelegene Teil der Rheinpfalz, also auch die Städte Mannheim und Heidelberg, an Baden fiel. Nun wurde der Kurfürst und spätere Großherzog von Baden, Karl Friedrich, der Landesherr von Mai. Ob auch Karl Friedrich den Gesetzentwurf zu Gesicht bekam, und insbesondere ob er ihn mit so großer Sympathie aufgenommen hat wie Max Joseph, darüber konnte ich nichts feststellen. Aber es ist anzunehmen, daß Karl Friedrich, der ein für seine Zeit sehr weitgehendes sozialpolitisches Verständnis bekundet und betätigt hat, auch für die Pläne Mais Interesse gezeigt hätte. Es ist jedoch, wie gesagt, völlig ungewiß, ob Karl Friedrich von dem Gesetzentwurf Kenntnis erhielt. Dazu kommt noch vor allem, daß durch die politischen Vorgänge des Jahres 1803 Baden einen sehr bedeutenden Länderzuwachs erhielt, und zwar von Gebieten, die vorher den verschiedensten Staaten angehörten; es galt also für Karl Friedrich zunächst, die Neuerwerbungen mit seinem alten Besitz zu einem einheitlichen Gebilde zu gestalten. Da waren zuvörderst dringendere Staatsangelegenheiten zu ordnen, ehe man an das Novum einer Hygienegesetzgebung hätte herantreten können. Und dann folgten die

---

[1]) Plato, „Der Staat", Buch V, Kap. 8 und 9. Deutsche Übersetzung von R. Prantl, Stuttgart.

[2]) Georg Adler, „Idealstaaten der Renaissance". Annalen des deutschen Reiches, 32. Jahrgang, 1899.

unserer hygienischen Kultur deutlich anzeigen. Vor allem aber würde durch eine derartige Hygienegesetzgebung zum Ausdruck gelangen, welche Bedeutung der Staat dem Gesundheitswesen beilegt. Darauf kommt es an. Denn zurzeit wird, das kann man ruhig ohne jede Absicht der Verkleinerung behaupten, sowohl in der Politik wie in der Gesetzgebung der Hygiene, insbesondere in der Richtung positiv-hygienischer und rassedienstlicher Maßnahmen ein viel zu geringes Interesse entgegengebracht. Man muß eben leider feststellen, daß — um den in der Einleitung erwähnten Ausspruch von Lorenz von Stein zu variieren — unsere Hygieniker gewöhnlich keine Politiker, und unsere Politiker in der Regel keine Männer mit hinreichenden hygienischen Kenntnissen sind.

Nun steht allerdings der Zusammenfassung zu einem einheitlichen Hygienegesetz auch der am Anfang dieser Abhandlung genannte Einwand von Laband entgegen, der gemeint hat, ein solches legislatorisches Unternehmen als „eine bunte, unübersichtliche Waffe ohne inneren juristischen Zusammenhang" bezeichnen zu müssen. Allein, ich denke, gerade an Unübersichtlichkeit kann der gegenwärtige Zustand der hygienischen Vorschriften nicht übertroffen werden. Überdies hat die Erfahrung gelehrt, daß man es tatsächlich für zweckdienlich hält, die verstreuten gesetzlichen Verordnungen zu einem einheitlichen Gebilde zu vereinigen. Wenigstens sind in Italien[1]) auf dem Wege zu diesem Ziel die ersten Schritte bereits erfolgt. In Italien hat man im Jahre 1907 eine ganze Anzahl von verschiedenartigen Gesetzen, die dem Gesundheitswesen dienen, zusammengefaßt, wobei jeder einzelne Teil, gerade wie in dem Entwurf von Mai, eine besondere Überschrift erhielt, die Paragraphen vom ersten bis zum letzten Teil aber fortlaufend numeriert wurden. Das italienische Gesetz, das aus 218 Artikeln besteht, enthält unter anderem folgende Bestimmungen: Für jede Provinz ist ein besonderes Gesundheitsamt zu bilden. Ärztliche Hilfe und Medikamente sind Armen unentgeltlich zu gewähren. Die Gemeindeverwaltungen haben die Pflicht, die hygienische Überwachung zu übernehmen. Von jeder Gemeinde, die mehr als 20000 Einwohner besitzt, ist ein hygienisches Laboratorium einzurichten. Die Gemeinden müssen kom-

[1]) Siehe Gazzetta ufficiale Nr. 228 vom 28. Sept. 1907, oder „Veröffentlichungen des Kaiserl. Gesundheitsamtes" Jahrg. 1908, Nr. 2.

munale Ärzte anstellen und honorieren. Ausführliche Vorschriften erstrecken sich auf das maritime Gesundheitswesen, auf die Hygiene des Bodens, der Wohnhäuser, der Nahrungsmittel, auf die Arbeit in Reiskulturanlagen, auf Maßnahmen gegen die Infektionskrankheiten der Menschen und Tiere, auf die Herstellung der Impfstoffe und Heilsera u. a. m. Im besonderen wird bestimmt, daß die Städte mit mehr als 40000 Einwohnern spezielle Institute zur unentgeltlichen Behandlung der venerischen Krankheiten zu errichten haben, und daß die Zahl dieser Institute in der jeweiligen Stadt nach der Bevölkerungsziffer zu bemessen ist. Weiter wird angeordnet, daß in Malariagegenden an Bauern und Arbeiter auf Kosten des Staates Chinin als Präventiv- und Heilmittel unentgeltlich in den erforderlichen Quantitäten abgegeben werden soll. Eine Reihe von Bestimmungen richtet sich schließlich auch auf die Verhütung der Pellagra, einer namentlich in der Lombardei häufig auftretenden Affektion, die sich anfangs in Magen-Darmstörungen, später aber in Erkrankungen der Nerven und der Psyche äußert. — Allerdings entspricht dies italienische Gesetz noch nicht dem Ideal des Sozialhygienikers, aber es ist in systematischer Hinsicht doch als ein beachtenswerter Fortschritt zu bezeichnen.

Auch der Entwurf Mais kann naturgemäß den modernen Anforderungen nicht völlig genügen. Denn in den letzten hundert Jahren hat sich eine gewaltige Umgestaltung unserer wirtschaftlichen Verhältnisse vollzogen, so daß zur Beseitigung und Verhütung der hiermit zusammenhängenden Mißstände das Bedürfnis nach neuen Einrichtungen erst später mit Deutlichkeit zutage trat. Dazu kommt, daß die Gesundheitswissenschaft erst in den letzten Jahrzehnten, namentlich in sozial- und rassehygienischer Hinsicht, erheblich gefördert wurde; Maßnahmen pflegen jedoch nur dann von Erfolg gekrönt zu sein, wenn sie auf einer sicheren wissenschaftlichen Grundlage aufgebaut sind. Wenn aber auch der Entwurf Mais heut nach manchen Richtungen hin zu erweitern wäre, so muß doch betont werden, daß jene Gesetzesvorlage die derzeitigen unzulänglichen hygienischen Reichsgesetze[1]) und

[1]) Geheimer Reg.-Rat A. Weber, Direktor im Kaiserlichen Gesundheitsamt, hat auf dem XV. Internat. Kongreß für Hygiene und Demographie, Washington 1912, einen Vortrag über „Die Fürsorge für das öffentliche Gesundheitswesen im Deutschen Reiche“ gehalten (siehe Halbmonatsschrift für

die ebenfalls unzureichenden Sondervorschriften der Einzelstaaten[1]) in vielen Punkten weit überragt.

So wollen wir nun zum Schluß noch die Frage streifen, was zu geschehen hat, um die Gesetzgebung im Geiste Mais und darüber hinaus im Sinne der modernen sozialen Hygiene auszubauen. Wie auf allen Gebieten der Politik, so müssen auch hier zum Zwecke des Fortschrittes Forderungen an die Regierung des Reiches und an die Leitungen der Einzelstaaten gerichtet werden. Aber solche Wünsche pflegen nur dann berücksichtigt zu werden, wenn sie auf den Lehren der Wissenschaft aufgebaut sind und von dem laut bekundeten Willen des Volkes getragen werden. Von der Pflege der sozialhygienischen Wissenschaft soll sogleich noch ein Wort gesagt werden. Wie aber steht es mit dem Interesse der politischen Parteien für das Gesundheitswesen? Denn auf die politischen Parteien kommt es hauptsächlich an, da nur sie in den Parlamenten vertreten sind. Prüfen wir die auf die Staatspolitik sich erstreckenden Programme[2]) der einzelnen politischen Parteien hinsichtlich ihrer den Ausbau des Gesundheitswesens betreffenden Forderungen, so finden wir, wenn überhaupt, nur wenige, dürftige Bemerkungen. Wohl enthalten die Kommunalprogramme der sozialdemokratischen Partei[3]) in den jeweiligen Einzelstaaten und auch einiger liberalen Gruppen[3]) in manchen Städten neben den über das Ganze verstreuten hygienischen Forderungen auch einen Abschnitt, der speziell der Gesundheitspflege gewidmet ist; allein, auch hierbei ist die Gestaltung, die

---

Soziale Hygiene und Praktische Medizin, 1912, Nr. 25). In diesem Vortrage werden alle in Betracht kommenden Maßnahmen des Reiches anschaulich geschildert. Ein Vergleich der Darlegungen von Weber mit dem Gesetzentwurf von Mai zeigt mit besonderer Deutlichkeit, welche Lücken unsere Reichs-Hygienegesetzgebung aufweist.

[1]) Die Lücken der Reichsgesetzgebung werden allerdings zum Teil durch Gesetze und Verordnungen in manchen Einzelstaaten ausgefüllt. Es ist jedoch sehr bedauerlich, daß die Wohnungsgesetze, die Bestimmungen über den Turnunterricht (auch in den Fortbildungsschulen), über Spielnachmittage, über die Anstellung von Schulärzten, über die Wöchnerinnenfürsorge auf dem Lande (Landkrankenkassen!), die Junggesellenbesteuerung und vieles andere mehr nicht einheitlich für das ganze Reich geregelt sind.

[2]) Siehe Karl Mahler: „Die Programme der politischen Parteien in Deutschland“; Leipzig 1911.

[3]) Eine Zusammenstellung der Kommunalprogramme findet man in der „Kommunalen Praxis“ vom 9. September 1911.

vielfach einen recht laienhaften Charakter trägt, fast durchweg als für die modernen Ansprüche unzulänglich zu bezeichnen.

Es gilt also, aufklärend und belehrend auf die politischen Parteien einzuwirken. Hierzu ist aber erforderlich, daß an allen Universitäten, Hochschulen und sonstigen Kulturzentren wissenschaftliche Forschungsinstitute errichtet werden, die dem sozialen Gesundheitswesen und insbesondere auch der Rassehygiene gewidmet sind. Von diesen Anstalten aus müssen die Forschungsergebnisse in die Kreise der Ärzte, Nationalökonomen, Lehrer, Pfarrer, Verwaltungsbeamten, Sozialreformer usw. getragen und so den weitesten Volksschichten übermittelt werden. Dann werden sozial- und rassehygienische Anschauungen in den Reihen der politischen Parteien und ihrer parlamentarischen Vertreter in hinreichendem Umfange festen Fuß fassen.

So wird allmählich die Zeit heranreifen, in der man es als eine Selbstverständlichkeit betrachten wird, ein zusammenfassendes, den modernen Anschauungen entsprechendes Reichs-Hygienegesetz zu schaffen. Dann aber wird man wieder an den Entwurf von Mai anknüpfen. Und wie man den Italiener Ramazzini den „Vater der Gewerbehygiene" und J. P. Frank den „Begründer der Medizinalpolizei und Hygiene als Wissenschaft" benannt hat, so wird man dem verdienstvollen Sozialhygieniker Franz Anton Mai den Titel „Urheber der Hygienegesetzgebung" verleihen.

Fortsetzung der Urteile siehe nächste Seite.

Fischer, Grundriß der sozialen Hygiene.

Fortsetzung der Urteile.

Ärztliche Sachverständigen-Zeitung. 1913, Nr. 8.

... Diese Schwierigkeiten zu überwinden, ist Fischer im großen und ganzen wohl gelungen. Sein Buch stellt sich als gediegene, selbständig durchdachte Einführung in das Studium der sozialen Hygiene dar und wird namentlich den Studierenden der Medizin und Nationalökonomie durch die übersichtliche Zusammenfassung der bisherigen Ergebnisse höchst willkommen sein.... Das Buch wird allen Arbeitern auf dem Gebiete sozialhygienischer Theorie und Praxis erwünscht sein.

Blätter für Säuglingsfürsorge. 1913, Heft 9.

... Der vorliegende Grundriß bringt in gedrängter Kürze einen Überblick über das große Gebiet; er baut ein lückenloses System der sozialen Hygiene auf, erläutert ihre Methoden und ihre Ergebnisse. Die klare Darstellung und die übersichtliche Anordnung machen das Buch besonders für Anfänger wertvoll. Für eingehendere Arbeiten bieten die jedem Abschnitt beigefügten Literaturnachweise brauchbare Wegweiser. Vor allem wird es tieferes Interesse für die mannigfachen Wechselbeziehungen zwischen Medizin und Volkswirtschaft erwecken und dadurch auch der praktischen Arbeit förderlich sein.

Therapeutische Monatshefte. 1913, Heft 6.

... Dieses ganze große Gebiet der sozialen Hygiene hat durch den Verf. eine gründliche, kritische, von guter Sachkenntnis zeugende Bearbeitung gefunden. Die Darstellung ist äußerst anregend und durch zahlreiche, geschickt ausgewählte Abbildungen im Text belebt. Die eingehende Berücksichtigung sozialhygienischer Aufsätze aus den verschiedensten Fachzeitschriften ist besonders zu begrüßen. Die zahlreichen Literaturnachweise ermöglichen ein selbständiges wissenschaftliches Weiterarbeiten auf jedem der genannten Gebiete. Für jeden denkenden Mediziner bildet dieser Grundriß der sozialen Hygiene eine ebenso belehrende wie unterhaltende Lektüre, für jeden sozialhygienisch interessierten Arzt kann es nicht warm genug als Nachschlagewerk empfohlen werden. Daß die Ausstattung mustergültig ist, braucht bei einem Verlag wie Julius Springer nicht erst besonders hervorgehoben zu werden.

Münchner medizinische Wochenschrift. 1913, Nr. 22.

... Der vorliegende Grundriß will eine Einführung in die soziale Hygiene für Aerzte und Staatswissenschaftler, ein Lehrbuch für Anfänger sein. Die soziale Hygiene beschäftigt sich mit Erscheinungen am Gesellschaftskörper, mit sozialen Massen. So geht auch Fischer nach einigen einleitenden Kapiteln von den Tatsachen und Gesetzen der Bevölkerungszusammensetzung und -bewegung aus und zeigt, unter Berücksichtigung der wirtschaftlichen und hygienischen Zusammenhänge die wichtigsten Faktoren des sozialen Gesundheitslebens. (Arbeit, Nahrung, Wohnung, Kleidung Hautpflege, Erholung, Fortpflanzung.) Dann schildert er das Zusammenwirken dieser Einflüsse auf die einzelnen Personenklassen, die in Alters- und Berufsklassen gegliedert sind. Die wichtigsten Krankheitsarten werden fernerhin in ihren Beziehungen zu den sozialen und wirtschaftlichen Verhältnissen besonders behandelt und schließlich werden noch einige allgemeine Maßnahmen der sozialen Hygiene (Arbeiterschutz und -versicherung, private und öffentliche Fürsorge usw.) kurz geschildert. Dank der klaren und übersichtlichen Anordnung des Stoffes und der geschickten Darstellung, die auch das Lesen der zahlreichen statistischen Beispiele dem Ungeübten erleichtert, erfüllt der Grundriß vortrefflich die gesteckte Aufgabe. Er bedeutet einen Fortschritt, weil er wohl zum ersten Male eine scharfe Abgrenzung der Aufgaben und ein festgefügtes System der sozialen Hygiene aufzubauen versucht. Deshalb war auch eine eingehende Erörterung des Begriffes der sozialen Hygiene notwendig, und Fischers Kritik der bisherigen Definitionsversuche ist in den wichtigsten Punkten treffend....

Volkstümliche Zeitschrift für praktische Arbeiterversicherung. 1913, Nr. 5.

Eine außerordentlich umfassende und lehrreiche Materialiensammlung in Gestalt eines Handbuches, sorgfältig durchgearbeitet. Das Werk gibt über alle Fragen der sozialpolitischen Praxis eine knappe, aber erschöpfende Auskunft....

Monatsblätter für Arbeiterversicherung. 1913, Nr. 6.

... Hier ist der Stoff zu einem handlichen Buche zusammengedrängt. Der Verfasser hat sich bemüht, aus der Fülle das Wichtigste hervorzuheben und kritisch zu beleuchten. Dabei hat er jedoch namentlich darauf geachtet, daß alle Teile der sozialen Hygiene, soweit das Material bis zur Gegenwart vorliegt, entsprechend der jeweiligen Bedeutung des Gegenstandes behandelt wurden. Durch die sorgfältige Gliederung des Stoffes gestaltet sich der „Grundriß“ als das erste System der sozialen Hygiene. Dem leichtverständlichen Texte sind zahlreiche statistische Nachweise, graphische Darstellungen und Abbildungen sowie viele Literaturangaben angereiht.

Druck von Oscar Brandstetter in Leipzig.